丁丁
的

房產人生
雜記。

目錄CONTENTS

壹
建 築
知 識。

貳
市場
分享。

參
買 方
觀 念。

肆

賣方 觀念。

伍

業內 競則。

陸
房產
心情。

壹 建築知識。

車位坪數的
意義

台灣的不動產權狀登記制度，車位是沒有獨立權狀的，其坪數也是附掛在建物底下，也等同於納入公設面積，因此在中古的售屋資料與實價登錄的訊息中，都是將車位坪數含在總建物面積內，以至於沒有透明的車位成交資料揭露，與不合理的單價計算。

這樣不完善的登記體制，就產生了以下狀況。

1.車位沒有獨立出來的資訊。

2.車位成了稀釋單價的工具。

3.中古單價行情與新案脫鉤。

4.中古車價無法做市場比較。

預售屋，我們都會這樣看：

房屋單價是多少？

車位單價是多少？

房屋坪數是多少？

但，不會特意多問車位是幾坪，問了也沒意義，也不會有人將車位坪數大或小當作是決定購屋的考量。

除非，預售或新案賣方刻意混淆視聽，為了將銷售房屋的認知單價降低而故意將其坪數納入總價計算。

換言之，車位買越多，單價就會感覺越便宜。

所以在實價登錄之中，為何同個社區隔壁或上下戶有時候會看到差異頗大的單價落差，因為價格高的那間可能是沒車位或只有一個，但單價低的那戶車位數量就會比較多。

利用制度上的漏洞來製造不對等的房價，是沒有道理的。

就跟仲介無法幫你拆算中古屋的獨立車價一樣。

新建案也不該用這種方式來用做刺激銷售的手段。

車位坪數無論是多少，你的格子尺寸就是那樣子。

大車位就是寬250cm長550cm。

小車位就是寬230cm長550cm。

那些坪數都是地下室的平均公設面積持分，與建物公設比有絕對的關係，但對購屋者而言，車位登記面積真的一點意義都沒有。

在新建案的銷售邏輯上，車位是先買先選。

在使用者的購買邏輯上，車位是路衝最好。

所以如果你住的社區看到那個很棒的位置，毋庸置疑，那個人很早就買了，反之看到鄰居怎麼會選那種難停又遠的地方，代表他是很晚才買的。

車位的選購原則，首重進出動線，再來是離梯廳距離，其他的條件就沒有那麼重要了。

在過去法規不嚴謹的時代，建商會透過調控車位坪數來讓銷售利潤增加，而如今非昔比只是成為令建案銷售公設比看起來比較漂亮的工具而已。

車位持分坪數越大，住家公設比越低，售屋單價調高。

車位持分坪數越小，住家公設比越高，售屋單價降低。

但總金額還是不變的。

對消費者而言，要則房屋價錢你接受，但嫌公設高。

要則公設比你可以認同，但房屋售價你沒辦法接受。

所以這個平衡之間是現在多數建商與賣方在規劃銷售前會著重的考量重點。

有公設比低，單價又便宜的產品嗎？

有，地點很爛。

所以市場賣方會有該注意的各別行情：

房屋售價的行情，公設比的行情，車位單價的行情。

若其隨時間水漲船高，那也是由市場機制來決定的：

建案平均單價的接受度，沒人買也不會往上走。

法規基礎限制的公設比，隨政府要求越來越高。

市場車位價格的認同感，只有買與不買的選擇。

但若是中古屋：

你無法判斷其車位原始取得成本多少。

中古屋的車價沒有貨比三家的基準值。

如果仲介沒特地拆車位會被單價誤導。

於此，看新建案跟看中古屋衡量的方式是很不同的。

甚至聽聞過被業務影響的消費者會以為特地去挑選車位坪數高的建案，未來會比較有增值空間，這是極為錯誤的認知。雖然

車坪越高能稀釋的單價就越低，但房市行情最終還是會回歸在房屋本身的價值是多少，除非是完全不熟悉與沒經驗的購屋菜鳥，否則這只是一種要刺激你下決定的話術而已。

因為，真的沒有人會在意車位的坪數是多少。

【買房必買車位，它是必需品，沒有車位的房子是非常難脫手的，因此車位就成了一個可以操作的工具，也能做為影響與誤導的手法。回到現實的考量點，車位是使用上的價值，而非面積上的數字。】

雨遮不計坪，
有差嗎

| #建築知識 | 無聊政策 |

公設比是購屋者普遍最討厭的東西，認為這是一種虛坪灌水來達到增加總價的目的，但其實賣方也不喜歡，可這就是台灣長期以來的體制，久而久之，也只能如此了。

那麼既然要捨去公設面積來計價是無法達成的事實，那就從附屬建物面積來下手吧，「雨遮」就成為了目標。

先來論述雨遮對於建築本身的實用價值，在建築立面上有著凹陷進去的外型通常會被定義其雨遮面積，術語為「深窗」設計，它們的用途主要以下：

1. 遮陽避雨：利用樑下拉伸至窗或外牆的空間做為一種自然保護，也許有些人會覺得沒意義，但事實上深窗可以幫助室內減少日照直射光線，令室內有感降溫，再則能讓牆面減低直接碰觸雨水的侵蝕，降低牆外滲水機率。

2. 外觀美化：人要衣裝，佛要金裝，建築外型的美感在於立體交錯深淺的視覺效應，如果一棟大樓的立面是完全拉平沒任何深窗雨遮的話，那就會非常普通且難看。

3. 保護隱私：大樓住家在高，一樓行經路人在低，由下往上看若沒有做些設計保護，其視線會直接看透中低樓層的住家，而深窗雨遮卻能有效製造視線折射差異來減低室內曝光的比例，也讓人們的生活可以更安心與保障。

4. 閃避樑下：結構是既定有的存在，除了室內裝潢之外，許多人買房時都會去刻意關注樑下的配置，而深窗雨遮卻可以讓樑的位置保留在牆外，保持室內格局少樑。

無論有著多少優點，消費者還是希望能夠不要將此納入購買面積內，賣方可以送，但不要算錢，於是內政部就有了新的定型化契約規範：「雨遮不得計坪計價。」

事實上，深窗雨遮都會提高建築成本，因為增加了外飾範圍，而在產權登記或營造費用計價，這都是有算面積的，如果徹底免費讓給買方，似乎不符合投資效應。

上有政策，下有對策：

若是雨遮不計價，就在合約書附註此面積不計價，但事實上還是算在房屋總價內，換湯不換藥，符合規定沒問題。

若是雨遮不計坪，就將陽台比例面積增加，附屬建物依然控制在一定的比例，對賣方而言是不可能做賠錢生意的。

那買方需要注意甚麼呢？

不應該執著於自己可以坳到多少面積，也不需要去計算那麼複雜的誰計價誰計坪，一個最簡單的判定方式：得房率，將主建物面積除上售坪總面積的結論。

無論公設比占了多少，不管附屬建物怎麼配比。判定划算的重點應該是能買到多少主建物，畢竟牆內才是你真正能實際使用到的面積，這也是最務實的比較。

依照現行法規下的建案，能將主建比控制在65%以上的產品，代表你買得是非常划算，但也有不少建案主建比還不滿60%的，那表示你買的虛坪越多，所以根本不需要去在乎買賣合約上怎麼定義，也不用去在意到底賣方怎麼去規範雨遮到底有否計坪或計價，主建比最準。

以建築的角度來考量，有雨遮深窗的居住品質會高於沒有此設計的房子，其次才會評估主建物占比。

若又有還不錯的得房率，就是划算的選擇。

【數字的魔術博大精深，看重點不要看表面，若理解的不夠多就要試著多去深入瞭解與實證，不要期望政府會為你做甚麼，很多積陳迂腐的計算制度是不可能一時半刻就可以被推翻的，因為這裡是台灣。也不需要用其他國家的體制來要求，畢竟每個國度的民情文化歷史與發展都是完全不同的。】

透天

|#建築知識| 有土斯有財|

中國人的傳統觀念，就是不動產要屬於自己的，擁有獨立的小天地，前庭後院，一家人都可以住在一起，這就是買房子的意義，只是隨著時代改變與經濟環境條件的不同，現代房地產市場的透天產品，也跟以往不一樣了。

對建設公司而言，透天建案的建築水準要求門檻較低，投資金額也不需要太大，風險也比較小，相對地利潤就不如大樓產品，所以當一個新科建商與營造廠剛起步的時候，都會以透天建案來做基礎成長與累積資本的台階。

透天因為土地成本吃得非常重，所以：

蛋黃區無法規劃，太貴的土地只能做成豪墅價格。

蛋白區比較盛行，低價土地才有透天合宜的價錢。

當重劃區剛發展的起初，還沒有那麼熱鬧跟受到關注，在地價還沒有那麼貴的時候都會看到不少早期的透天社區，而後開始興盛起來，很多消費者都會問，為什麼都沒有透天建案，或是堅持有透天需求的只能去買中古屋。

土地價位決定了70%的透天售價，因此現況想要入手這樣的產品，地段條件一定不會太好，若是在市區或很好的地點位置，那個房子的總價基本上都會令人很卻步。

透天一般在建物型態分三種：

獨棟最貴、雙拼其次、連棟平實。

透天社區建案基本也分三種：

社區警衛管理、社區無警衛、無社區。

透天設計規劃大致也分三種：

中庭墊高一樓車道車庫、無墊高的一樓中庭但有地下室車道與車庫、一樓各自前院停車或車庫。

另外特殊產品如美式別墅、封閉型造鎮社區、豪墅，通常都是比較昂貴且地點偏遠的建案。

每一種呈現出來的透天都有各自不同的優缺點，當然這也會根據你可以接受的總價成正比。

例如：

有中庭環境的社區，可以提供給家人散步或孩童遊玩的空間，安全且有質感，像是個小型公園。

有警衛保全不只是安全跟隱私，也能代理

收發信件包裹，或是處理公眾型需要協助聯絡的問題。

有公共基礎設施的社區還可以解決大家最在意的垃圾問題，這樣就不用每天花時間等垃圾車。

有封閉式公用車道進出的大門管制，可以為自家車庫做兩道防護，同時還能遮風避雨相當方便。

若是三代以上同堂，有電梯需求的必要性，如此總價不僅會增加不少，平時還會多了維護開銷。

然而現況每個建商都在控制產品的總價來提升市場競爭力，上述型的透天建案是越來越少了。

不只容積刻意不用完來做小坪數，這也是現行透天設計的主流，所以早期有那些條件的社區也就非常稀有了，所以現今的選擇只剩下有無電梯差別而已。

購買透天的基本概念：

面寬五米以上是必備的需求底限，因為它決定了車庫是否可以停到兩台汽車與客廳跟主要房間的實用度。

深度十米以上也是很重要考量，因為它若太淺，那就對室內格局的配置或裝潢設計會相當的不好用且小。

最少要保持可做四個臥房以上的彈性，因為只有三房在未來是不好脫手的，會買透天的家庭人口需求高。

十年前的透天，不僅基本坪數大，條件好，總價非常低。

十年後的透天，銷售坪數小很多，條件差，總價非常高。

在房市與景氣氛圍不同的時空背景下，不只是地點上的差別，更在產品上基本設計與規劃也被限縮了很多，對買方來說，要準備購屋的總價預算與門檻比過去更高了。

【以前透天與大樓的需求比例還不會差距那麼大，如今的透天已經成為小眾市場了，也因此更突顯了大樓的需求性是那麼必須且重要。看看現在首購大樓的基本總價水位是可以買到過去的透天，房市上漲的無奈也限制了消費者的理想與夢想了。】

爲何台灣房子
都普遍難看

| #建築知識 | 順應市場 |

每個國家都有著令人嚮往的建築物、住家、格局、設計規劃等等，有好的，也有不好的。

例如發展快速的中國，具備國際視野的日本、新加坡，又或是歐美等先進國家，在網路無國界的時代，可以從雲端分享看到許多建築巨擘。

也能從南韓、香港等高密度的地方見到普遍密集又很相似卻不好看的高樓大廈群。

人們總是會想學習模仿再來創造獨特的作品或新事物，但不見得都能符合每一個地方的風土民情與市場接受度，且每個國家各自有不同的特質與地理條件。

聽聞過非常多人對台灣的住家建築問到，為什麼我們的大樓都這麼普通無奇跟難看，台灣也算是一個先進國家，理應在建築物上也該要跟著國際軌道才是。

這點，有三者至關重要的原因：

首先是成本問題，在建商規劃產品時，其結論能否符合投資效應比是最優先考量的目的，商人為的就是將製造出來的商品合乎並滿足預期的利潤，來順利銷售出去，於此賣方不可能去做一個消費者買不起的超高成本建案，所以用最有效率的方式來量產，是最合理的。

其次是市場接受度，在台灣，大多買房與購屋者是偏向中規中矩的傳統，無法認同太過怪異與前衛的設計，即便那是參照國際大師的理念或產品，但很多人卻認為那個無法長居久安，偶爾住住看可以，可要想他們能長期使用，那可不是三言兩語就能被說服與改變的。

最後是審議委員會，這些會干涉建築設計彈性的官員或委員們，大多不具備藝術眼光來看待，若以學術界的角度來決斷設計者的創意，那是一種對進步的阻礙，原創無論在何種領域，都不該被天外飛來一筆破壞。

白話文：

要蓋出讓人驚嘆到下巴掉下來又受憧憬的建築物，它不只是成本非常高，產品售價更是難以親近，加上懂得欣賞或能接受的人也不多，而審議委員又會以令來束塗西改，以致最後就成為了現況最常見的建築樣貌。

賣方只要快速回收。

買方只想便宜好用。

綠色環保建築，貴。

所以保持舊有做法就好。

特殊造型外觀，貴。

所以繼續複製傳統外型。

建材創新突破，貴。

所以沿用固定建材標配。

每戶不同格局，貴。

所以垂直統一單純就行。

超低建蔽規劃，貴。

所以蓋好蓋滿蓋多蓋擠。

國際大師作品，貴。

所以不須特聘業界名師。

與眾非常不同，貴。

所以跟人相似也沒關係。

建築物是一座城市的繁榮象徵，同時建築也隨著時代演進，若每一棟大樓都是非常特別且吸睛也讓人欣賞的時候，這代表著國家與產業的進步，反之如果都是平乏無奇的外觀或建築規劃設計，就只會給人感覺密密麻麻的國宅村而已。

重劃區為何具有那麼大的魅力會讓購屋者趨之若鶩呢？

因為這種新式大樓建物的聚落，也能讓整個區域地段的水準與居住品質提升，慢慢的也就會產生了凝聚力與大眾正向觀感。

所以如果建商在推行規劃每一個大大小小建案都能保有這種高度甚至到國際水準的建築思維，那麼隨著時間慢慢累積，台灣也能成為是一個全球建築界的先進權威楷模，購屋的消費者們也會漸漸擁有令其他國家羨煞的好房子居住。

【有時候建案不是那麼的漂亮與美輪美奐，也不能全歸責於建商，雖然每一個開發商對於自家產品的水準素質定義不同，但不可否認的是，並非每一個賣方都有那種創新的能力與突破的眼界跟氣魄。畢竟改變都是需要陣痛期的，既然如此，不如好好落袋為安，這也就成了許多建設公司不願嘗試跟挑戰的理由了。】

建材
等級差異

| #建築知識 | CP值的來源之 |

消費者在意的建材，不僅是要豐富，更要有品質，最好還帶有高級感與品牌力。

進口品：有入門款，也有設計款，還有限量頂級款。

國產品：有大眾款，也有經典款，還有特殊訂製款。

雜牌品：有簡易款，也有普通款，還有超便宜雜款。

標配建材，一直都是很重要的建築成本考量，雖然建商都有進大盤的優勢可以壓底價格，但不同等級的設備，不只會影響建案調性，也會跟產品售價與利潤比有絕對的關係。

一套標準廚具衛浴，有5萬的，也有50萬的。

加上其他附屬的配備或公共空間的設施，有與沒有，成本差異就會非常大，於此建材等級也會是各建商拿捏支出的大項重點之一。

最理想：進口品高階款，紮實完美的超頂級設備。

最划算：進口品基本款，有漂亮與可包裝的表面。

最常見：國產品高階款，通俗但提供更好的質感。

最普遍：國產品基本款，市場上最多的陽春配套。

最省錢：雜牌雜項款，為了售價壓縮成本的極限。

在過去，建商不願意使用進口品牌的設備，都是擔心未來使用與維修售服上的不便或麻煩，直至市場上的流行、買方對其建材的高認同度、進口建材商的服務普及與成熟度，現在即便是首購型的產品，也很常可以看到許多全球知名品的商標，慢慢地這也成為了消費者在購屋比較上的選項之一。

建材標準配備項目上的細節分列：

地壁磚尺寸材質、油漆品牌、弱電線材、電燈開關、住家大門、室內門材、廚具衛浴設備、電器類、曬衣架、門窗玻璃、淨水系統、集塵設施、空氣淨化設備、空調及全熱交換機、特殊配備、電子系統、科技E化設備、制震或免震系統、樓高、隔間牆種類、地板厚度、排水及管道設計、簡易裝潢。

假若你看的是高單價產品，但建材非常普通，就代表名不副其實。

如果你看的是行情內的產品，但建材有特色，就代表建商很用心。

假設看的是很廉價的產品，就別期待建材了，因為一分錢一分貨。

好的建材，還要看買方懂不懂得欣賞，不了解內容差異的消費者，只會覺得那些東西都沒必要給太高級，能用就好，最主要是售價要便宜。

再換個角度思考一件事，當你是零售去買這些產品或設備時，是非常昂貴的，建商雖然當作標準配備來附贈給你，其實就等同在幫買方大量購買，這道理跟你會找團購代購來消費是一樣意思，若不是大盤買入，取得的單價或成本就會非常高很不划算。

那麼這些高檔建材，究竟實不實用呢？

進口品存在著西方國家的使用邏輯來去設計的，所以不能說它們到底好不好用，但最少是很氣派有看頭，也許有些具經驗的人會認為它是好看卻不實用，可這也是人們消費上的盲點與迷思，有品牌就是王道，貴的產品就肯定是好東西。

在住家生活的一切，有很多設備或賣方原初建材配置的考量，並非能適應到每一個人的生活習慣中，往往都是入住之後才會知道東西好不好用，適不適合自己。國產品雖然平價，但對很多人來說是實惠，進口品雖有話題與質感，但對買方來說卻只是一種可以滿足品牌上的虛榮而已。

人的感覺，一直以來都是無價的，也無法用價格去衡量。

【在銷售的立場上，我們會希望建商可以給越多的好建材就越好賣，因為品牌就是一種包裝議題，也能讓建案的身價深入市場心中，不管它是否實用，人人都想擁有好東西是基本消費慾望。但如果都是很普通的建材，消費者也不會因此覺得你便宜，即便是很好用的國產品牌，買方也只會認為那是建商為了要省錢而已，所以進口建材也就慢慢成為了一種銷售工具，在彼此競爭之下，建案建材的平均基本水平也比過去來得更好更完善了。】

建商與
營造的差別

|＃建築知識｜小貼士｜

消費者普遍會認識建設公司，會想了解建商的品質、品牌、口碑等等，卻對這領域的關係缺乏認識。

建設公司是加工商，將土地變成商業建築的大盤商，但不見得擁有自己的營造廠，建商的工作任務為：

1. 擁有金主端的支持：需要基本的投資門檻及銀行金融單位的支撐，無論是承購土地的融資或是興建要籌備的貸款與現金，這都要具備有一定的實力與人脈關係。

2. 基礎營運組織規模：建設公司要有一定水準的部門與組織，最少要有能夠維持長期營運的人事架構。

3. 產業觀念及專業度：在台灣可以看到各種大小不一的建商，從默默無名到上市公司，無不是從小經營而起，那些今天你所認識已壯大且有知名度的建設公司，都是早期的消費買方慢慢滾起累積而來的，若缺乏了對這個行業的決心與熱情，或太過現實跟生意化，就很難能將路走大、把品牌實力逐漸推升到一定的市場認同度。

4. 售後與交屋的服務：對建商而言，這塊並不是一件易事，尤其在剛成立之初，售服需要大量的部門資源，案量做得越大，公司做的越久，所累積的潛在服務對象就越多，而這也是建商的口碑來源，越紮實觀感越好。

5. 工務相關團隊部門：無論是自有營造廠又或是外聘，都需要代表建商的工務部門，他們必須起到監工、進度、督導，或是維持建商在施工細節堅持的作用。

在理論上，只要有錢，人人都可當建商。只要有足夠的資金，做建設公司並不難。但要做得好，做得長久，做到有市場，做到有品牌、有粉絲，卻不是有錢就能辦得到的。

營造廠就不同了，不僅有分甲、乙、丙級，也有根據不同的品質、文化或風格各有所長。

每個分級執照所需要的資格、經驗歷練、資金規模都完全不同，所以對新創建商而言，最捷徑單純的方式，要則直接購買甲級執照，要則就是直接外聘配合，在台灣有許多建設公司是早期的營造廠轉型而

來，蓋房子蓋一蓋就乾脆直接以建商之姿來經營。

營造的利潤非常的低，普遍都需要爭取非常高的營業額才會有一定水準的收入，甚至稅後毛利僅有3~5%而已。

建商就完全不同了，不算土地增值以房地合一前的利潤都會抓到近3成，即便是現今的稅務環境，也比營造還要好3倍以上的收益，所以轉建商對公司成長是最理想的。

建設公司是統籌與執行，營造廠才是興建最主要的單位。

營建才是品質本身第一線，而建商是監督其品保的主管。

好的建商，不見得有好的營造品質，因為是否為自有直屬營造廠及相關部門或外配，是有差異的。

且不同的建案不一定會長期維持相同的營造廠，推案量到達一定的量，同時配合超過三家以上營造的案例也不少，所以消費者應該要追蹤、了解營建單位。

好的營造，不見得有好的售服品質，因為建商可以主導是否要花上那種心血與成本，有的老闆認為房子蓋得好給你就行，服務不需要太費事。有的老闆卻會認為給買方與消費者的保證應該要兩者兼具，但能否遇到人人都想要的那種建設與營造都雙贏的品質，就得要看你願意為此花上多少高於行情的預算來承購了。

總而言之：

如果你想要好的建商口碑，那是賣方辛苦的積累。

如果你想要好的售服水準，那是建商耗費的心血。

如果你想要好的營造等級，那是賣方願擔的成本。

如果你想要好的整體品質，那是建商陣痛後的果。

【好的東西永遠都不划算，建商與營造業更是符合這句話的指標產業，很現實，也很貼近於消費買賣中的核心原則。如果賣方有這種決心與堅持，其產品售價都無法平易近人，能夠將房子用你可以很滿意的價格來出售，肯定有你不會也不想知道的原因，但你住了之後遲早也就都會親身體驗與知曉明白，而口碑也是這樣來的。】

風水
無完美

|#建築知識｜福地福人居｜

風水，一種古人的警語，是否帶某種智慧，卻不得而知，也無法以實際科學根據論證，卻是現代人的買房迷思。

是否為個人迷信，只能尊重，若要探討到底、給個邏輯且理性結論的話，可能在城市之中，永遠沒有滿分答案。

哪邊沒有刀，哪裡沒有煞，又有哪邊沒有沖，一個熱鬧且集市的地方，根本無法控制周邊環境的發展與改變，真要這麼執著於陽宅地理或是鑽牛角尖，那就只能住到廣闊無房的田中央或深山密林之中了，因為那才是完美福地。

風水對人體會有害嗎？沒有證據。

風水對運氣會有差嗎？沒有證據。

風水對人生有影響嗎？沒有證據。

只能說明，古代人對於礙眼的東西，就會給個標籤，久之也成為了一種術語或職業，來解釋無形的東西，把它合理化，並作為警惕人們該趨吉避凶的理由與傳統。

當你每天看到橫樑在頭上時。

當你見到雜亂難看的樑柱時。

當你在窗外見到各種壁刀時。

當你在出入動線看到路沖時。

當你介意各種福財位朝向時。

總之，跟風水有關的一切，全都與你的「視覺」有關。

只要是眼睛看得到會讓人不愉快或不舒服等等的一切，就成了這種所謂無形學術的制約與框架，但其實說穿了，那些解讀都對人體本身是沒有任何負面影響的，全部都是人們的心理作用罷了，眼不見為淨成了中國人常見的慣性通病與逃避選項，反正只要看不到就沒我的事情了。

為何要特地要以風水來寫一篇文，因為有數不清的買方，並不太清楚與瞭解那些所謂的煞刀沖，可能看了網路，可能耳聞聽傳，就一昧且主觀的認知那些不好，嚴重的還會因此忽略掉房子本身的條件與優點，得不償失。

建商或建築師在設計規劃的時候，有經驗且細心者都會盡量去避免這些普遍大眾比較在意的傳統考量，但畢竟是集合式社區或首購型的住宅，最終可以做到的還是相當有限，放大到整體市場來看待，其實若要真的滿足到風水大師都沒有任何瑕疵點可以挑剔與嫌棄的時候，基本上那種房子

的價位也不是一般人可以承受與負擔的。

結構樑柱，是乘載安全考量，風水只是觀感問題，當然會以合理性的配置為主，其次再調整。

環境沖煞，是無法完全控制的，尤其與公共或基礎建設相關的設施，在城市中這些條件難免。

路沖壁刀，再努力視覺上加減都會有不良感，但很多時候也不過是牆壁或結構彼此切齊而已。

數字諧音，是中國人多數的避諱，反之那些數字在不同種族與國家文化所代表的意思是好的。

吉位朝向，任何迷信所帶來的解釋，都不會比實際的採光通風還來得更加務實好住與舒適度。

對於一個購屋者的需求點來說，應該著眼於在使用上面的實際效能，再怎麼去對風水條件產生疑慮還是數不完的問號，它都不能為你帶來好處或解決掉你的需求問題，因為那永遠都是不存在於實體與沒有科學論證的傳統習俗。

【想想，假以把類似風水議題放到更細微的民生消費上，是否連你吃飯都得挑個良辰吉時了呢？買個衛生紙也要看一下包裝有沒符合文公尺吋呢？人類的心理作用是數也數不清的，唯一的克服之道，是帶著正確的態度與理性邏輯來看待，不是以怪力亂神之由讓神明決定你的選擇。尊重，但不迷信。參考，但不盲目。】

坪效的
意義

買土地時，首重坪效，意旨買了一坪土地可以蓋多少坪的面積來銷售，坪效越高的地，相對價值性與價錢就越貴，而影響土地坪效最大的關鍵是在於法規跟土管，不同的區段與重劃區等等的限制，也就有不同產品規劃上的結論。

在房子住家上，現在已是高單價的時代，相較十年前，同樣的總價卻只能買到過去一半的面積，賣方順應成本與時代的改變，坪效宅也就成了一種現今推案最主流的作法，既然無法改變與稀釋單價，那就想方設法來降低總價吧。

而市場面經過近年來的證實，買方也相當認同，一來購屋者多數都是自住上的剛性需求，一來則是置產客願意降低投資門檻來做出租上的考量，以至於兩房成了前幾年最好賣的產品，雖然隨著景氣回溫有轉向三房的趨勢，但對建設方而言，何不來創造同有三房空間但只要兩房總價呢？

這也是「坪效」最大的意義，普遍消費者不懂甚麼意思。

簡言之，這是一種划算的概念，空間與面積縮小了是事實，但透過規劃，可以把居家機能放大，讓人們感覺這樣的總價是很便宜的，甚至能讓首購族有更大的衝動下手。

在不動產上面，時機與經濟環境的好壞是很現實的，也充分反映在人性跟消費心理上：

大家賺得多時，有盈餘可以穿好、吃好、住好。

大家賺得少時，只要勉強溫飽度日過生活就好。

一餐百元，一樣可以吃飽，房子也是相同概念。

一餐萬元，也是可以吃飽，住家也是同樣觀念。

既然如此，人都是為了讓自己與家人可以過得更好而努力在工作，景氣好，當然要住得大，用得舒服，過得享受為原則，所以在那種氛圍下，誰給你買小房子阿。

相反的，日子難過的時候，先求有再求好才是最務實的決擇，當然在這樣的環境中，誰要跟你買大房子阿。

購屋預算的總價取決於售坪，同樣三房有25坪的，也有50坪的，但總金額卻會差一

倍，也許你有嫌小的資格，但大部分的首購族，只想追求一個能夠買得起的房子。

有看過三房一衛一陽台的住家產品嗎？

有看過三房一套半衛一陽台的設計嗎？

有看過三房兩衛一陽台的空間規劃嗎？

正統三房兩衛雙陽台的格局，在坪數的壓縮下能變動的彈性非常有限，35坪算是最理想的平衡了，但每家建商，每個建案在彼此競爭下，誰能把坪效拉到最極致，就能達到搶市的效果，也可以把買方的消費力都吸引過來。

三房一衛一陽台，只需要25~27坪就能打超低總價的廣告。

三房一套半衛一陽台，只需要27~30坪就能滿足三房需求。

三房兩衛一陽台，只需要30~32坪就有很強的市場競爭力。

可能你會說，這種房子怎麼住？

可能你會想，這種格局能用嗎？

但事實上，它滿足了買方的需求，迎合了這樣的時代，更造就了許多首購族的買房夢。

無論你怎麼嫌棄它，不可否認的是，這種超高坪效宅的業績與銷售量是非常可觀的，不動產就是如此，有人買，就構築了市場，沒人買，那種大坪數與豪宅產品，雖然很享受很舒服，但抱歉，它不受青睞。

建商也是生意人，要有收入才能維生，大部分的賣方不會去做那種會滯銷的產品，更不輕易為了理想去冒風險，甚麼東西好消化，他們就蓋甚麼。

【景氣不好時的產品，會隨著時機反轉而影響未來的脫手率，畢竟經濟循環都是這樣上上又下下，沒有天天都在過年的環境，賣方也總是不斷在隨著買方來調整節奏與步伐。無論是黑貓白貓，能抓得上老鼠的都是好貓，房子也是同理，不管是大宅小房，能讓人買得上房的都是好宅。】

制震的
祕密

日本是亞洲地震帶地區，發展與落實建築抗震技術最先進的國家，而台灣也因為921所帶來的災難之後也不斷在精進這方面的成熟度，當然大部分都是以日本做為最主要的參考範本，但也因此產生了不同的矛盾分歧點。

日本的職人精神，是將其運用在初衷上，那就是如何降低天災來臨之後的風險，並盡善盡美。

台灣就不是那樣純粹了，建商為了能有效提升建案賣點，以投報率的方式來衡量是否可以把抗震建材這回事變相成為拉高房價與塑造頂級產品的必備手段。

其實自921之後，台灣針對建築結構法規的要求門檻提高，新式建築依照「大震不倒、中震可修、小震不壞」的原則來做設計，並且根據各縣市的地質與地震風險性做出不同的抗震係數準則，任何集合式住宅都必須經過這道審核，才予以建照，而這最基本的要求，也被統稱為最少可以抵抗六級地震而不會有倒樓之虞。

承上述，換句話說，新式大樓若因為地震倒塌，只有兩種原因，一是營造與建設方的偷工減料或違法行為等等，二是具毀滅性且無法預知型的嚴重震災，於此就該深入思考所謂的耐震建材是否有必要安裝與其需求性了。

例如：

你的社區具有制震系統，但隔壁大樓卻沒有，你沒倒，但他倒了難道不會影響到你家嗎？

制震阻尼系統需安裝至某種程度的量才會有正向的影響力與加分效果，你家裝了多少呢？

如果那種災難發生時，雖然你家沒倒，但大部分的建築物都倒了，那似乎也不是件好事？

所以這就是台灣不夠嚴謹的矛盾，既然這些技術與設備被創造出來是有幫助與意義的，為何它們不能被列為一種被官方規範的標準配備呢？

然而這些系統的成本也相當高，無論賣方額外因此加了多少到房價上，現實面的考量也就成了一種大小眼，好似有錢人與豪宅才有資格享有更好、等級更高的安全建築，其他首購或一般平價宅就隨緣吧。

制震，這是很專業且需要深入了解的建築工法，對消費者而言，很難去認識它的差別。

耐震建築：按照一般規範設計的建築，未用其他特別的設備來強化，以主體樑柱結構吸收地震能量，而所有針對樑柱施工來增強本體抗震能力的都屬於此。

制震建築：以減震為主要目的，常見的是將制震壁或阻尼器安裝至樑柱之間，輔助削減地震能量，設計目標是可以消弱20~30%的地震波來提升安全效益。

免震建築：以隔震為主要目的，此設備的成本也是抗震技術中最高昂的，因為要將建築物的基礎能在地震來臨時隨著震波移動但卻不影響地上面樓層的搖晃，通常裝設於地基柱下方，可隔絕60%以上的地震能量。

以台灣的不動產市場而言，大多數還是以務實為優先，畢竟賣方都會先想辦法讓買方或首購族可以買得起，可以先擁有為規劃基礎。多餘的成本增加就肯定會讓房價提升，所以這也是文化所造成的差異通病，即便是理想型的口碑品牌也會把這件事參考在內，如果買方無法認同其售價，給再好的建材也是枉然，再安全的建築人們買不起也是毫無意義，所以制震建築在台幾乎都是豪宅或大坪數建案才有的配備，而且單價都會高於行情不少。

【若某天台灣因天災又需要門檻再更高的抗震水準時，請準備好你的荷包，房價又會因為這些成本而提升不少，但住家總是以安全做為最重要的考量，每每在意外發生時人們才又會關注重視到這些。沒事的時候，便宜最重要，有事的時候，那就多加點預算吧。希望未來我們也能成為一個職人國家、職人精神，現實的買賣方最終還是淪為一個只製造得出現實產品的市場。】

營造廠
等級

建設公司是統籌與加工者，發包給營造廠興建，無論是建商自有營造，或是交給外界來施工，品質關鍵都是在第一線上的營建單位，至於品保與細節上的監督，就在於這雙方的主管階層與公司經營方針的差異了，羊毛出在羊身上，越龜毛的要求，成本相對就會增加。

在台灣掛牌的營造廠共有20236家，最高等的甲級營造僅有205間，占總比例只有1%，許多消費者不得而知的是，以為營造是個隨便申請就能蓋房子的單位。

其實不然，根據規範，每個等級登記的管理規則都不同：

丙級：資本額需在300萬元以上，並且置有合格執照兩年以上之建築師或五年以上相關工程經驗者，還須有相關學科系學歷畢業以及三至五年以上經驗者。

乙級：資本額需在1500萬元以上，同上資格之人員外還須累積承攬工程並竣工金額達1億元以上。

甲級：資本額需在1億元以上，同前上資格之人員外還須在五年內累積承攬工程金額達2億元以上。

所以甲級牌照它不僅是有一定的資金限制外，還有嚴格規定的經驗資歷與承攬過工程的累積金額。

即便如此，營造並不是一個投報率很高的行業，在台灣排名前30大的營造收益，其毛利都不過在3~5%，營業額再怎麼龐大，利潤都不比其他行業還來得高。

這也是為何許多建商的前身都是營造廠，說穿了，做建設公司把房子加工完成後賣給消費者比單純的施工者好賺多了，加上建案本質上都有土地的增值差，在怎麼樣只要資金週轉的過來，建商收入的成長空間比營建大多了，假使是自有營造的建設公司，在景氣差的時候還能轉至僅接外案興建來以守代攻撐住時機不好的過程。

買方，在意的問題永遠只有一個：我買的房子品質好嗎？

其實無論多大的營造單位，都不會跟你買的建案品質有絕對性的成正比，現行的施工技術已與過去截然不同，也都大同小異罷了，差別只是在於細節與監督上的過程，做工的永遠都不想自己的施工過程被透明化。

試問，哪個建案願意百分百曝光所有的營建過程細節呢？

誰知道你們有沒有施工的模糊空間與灰色地帶。

誰知道你們有沒有走各種大小偷工減料的捷徑。

誰知道你們有沒有徹底監督品保最低要求水準。

做不好的怎麼辦？做錯了怎麼辦？

有瑕疵了怎麼辦？出包了怎麼辦？

預算只有一次施工的機會，有的老闆會說打掉重來。

沒有第二次再施工的預算，有的老闆會說繼續馬虎。

建築業的尷尬是，沒人可以擔保百分百的完美，那麼要有接近無瑕的機會就得要再人為的手工業不斷的打掉再重做，而這樣結論，就會成了消費者要的口碑與品質。

所以有沒有那種心態的領導者，是品牌的源頭。

有沒有那種精神與負責的主管，是口碑的源頭。

有沒有那種紮實與嚴謹的團隊，是品質的源頭。

加上願意犧牲在利潤空間裡面創造足夠的預算來維持修復瑕疵的成本，這也就是為何這些建商的產品都會比較貴的原因。要得過且過以商業化快速賺錢為主呢，還是要精實在那些細節，就成了市場上各品牌力的優劣了。

有些建商不想長期養營造廠，只好做固定某幾間的配合。

有些營造不想轉型建設公司，只做固定幾家建商的合作。

所以在理論的邏輯上：

自有營造廠的建商會比沒營造的建商來的穩健。

有固定推案量的建設公司對消費者比較有保障。

沒有時常在換營造廠的建設公司品質較為穩定。

有在成長擴大甚至轉型的自有營造建商最紮實。

但這些都不會跟建案品質有成正比的關係，只是對於買方而言，在消費過程上可以更加安心不用怕跑路。

【一個具有堅守品質的營造，是難能可貴的，在總的這麼多同業下還能堅持住那些細節上的守護，代表是很認真在看待自己的作品，而非只單純作為一個商業品買賣就算了。藝術是無價的，建築不也是如此嗎？設計得出來是一回事，能否把它蓋出來是另一回事，能不能把它蓋得好蓋得完美無缺又是另外一回事了。】

房地
合一稅

許多人對不動產交易稅制的了解有限，甚至是完全不懂，更別說要有那些專業又合法合理的避稅方式，而對這部分的戒慎恐懼，很多時候也因此影響了自己是否要投入不動產做資產配置的考量。

103年，房地合一稅正式上路：僅適用於已有產權之成屋。

持有年限不滿一年易手則須課徵房屋價差45%之稅金。

持有年限足一年但不滿二年者則課徵價差35%之稅金。

持有年限足二年但不滿十年者則課徵價差20%之稅金。

持有年限超過十年以上易手者則課徵價差15%之稅金。

針對這些稅制，近年也因房市景氣回溫，房地合一也間接刺激了預售轉賣的交易量，因為只要賣方有機會賺取價差，無論那是否自己滿意的空間與幅度，最少在過戶前就能脫手，於此可避免上述這些稅務煩惱與風險，換約只需要申報個人所得即可。

然而房地合一配合實價登錄，其目的就是要打擊持有不動產短期買賣的量，試圖令投資客因為交易資訊透明讓轉手率降低，這稅制更壓縮獲利空間，讓操作難度更高更困難，幾年下來，轉賣方已普遍都有既定認知若要置產最少要放兩年以上才划算。

但其實這中間，還是有可以合法避稅的模式：

所謂從價差裡去計算稅基，意思是將你出售後的價格減去持有的成本之後再去加乘上%數。

1.既然是有扣除成本的比例，代表其中不僅只有入手的房價，包含著轉售時的仲介服務費、代收款、代書、契稅、裝潢費、家電費等等，這些在國稅局的規範中都可以認列你所購買此不動產其相關的所有成本，只要有把發票憑據留下的話都可申報，若無單據可佐證，則以售價的5%額度來計算扣除：

假設入手房價為1000萬，雜支等銷售成本為150萬，過戶不滿一年轉售總價為1200萬，所以可申報的成本總價為1150萬，扣稅基礎則1200-1150=50萬在乘上

45%約為23萬。

當然有很大的可能性是所申報後的總成本是高於售價金額的，如此在交易認知上就是賠售，這樣則不須繳此稅。

2.如果以公司名義來購置不動產，包含著過戶名下與房貸，則不適用於房地合一的持有年限，無論放多久轉賣，都是以價差20%之稅金來計算，同時也能將以上的購屋總成本加上來扣除，所以很多具經驗且專門在投資房子的人都會特地開立一間個人公司行號來買賣不動產。

只要有足夠的方式來避開交易價差所要繳納的稅金，就能賺得更多，也能省得更多，這方面的常識，讓一般人在易手房產時，略過關於此的種種煩惱與困擾。

若要將這方法使用到極致可以這麼做：

1.將裝潢報價拉高於實質花費的數倍。
2.裝潢可以額外申請貸款來拉高槓桿。
3.將所有細節的開銷都如實留下單據。
4.能把成本灌高的項目就別馬虎放過。
5.裝潢與仲介服務費是最可灌水項目。
6.買賣都以公司行號名義來辦理過戶。
7.盡量將成本做高於實際價差來省稅。
8.若還須繳的正值都以公司計算節稅。

如此炮製，基本上你就不會受到房地合一稅的影響不過也就與舊制相差不遠了，只是了解細節與實地去運作的人畢竟還是少數，懂得人也不想講太多，不理解的人就摸摸鼻子去繳那些明明可以省下的稅金，雖然過程比以往還要繁瑣麻煩，但那些節下的稅都是你的利潤呀。

假使買賣房屋沒有這麼嚴苛的稅制，基本上會加大市場的投資比例與熱潮，讓買空賣空，房價很容易走到無法受控的膨脹與泡沫，那不是健康的經濟現象，風險也相當大，所以相關出台的政策，雖然會有陣痛期與令人討厭反感，但長期而論是好事，緩漲是最穩定的發展基礎。

上有政策，下有對策，越有能力賺錢的人，就越要有能力來合法避稅，這也是為何有人賣一間房子實賺入袋的價差金額可以比另一個人賣三間房所賺的還要多。

投資也好，置產也罷，很多時候除了眼光之外，賺取價差的機會並不是那麼多，好不容易脫手了，還要將那些利潤傻傻地拿

去繳稅，對自己並不會有太務實的好處，
這也不是一種值得拿來說嘴的事情，因為
你的心其實在滴血。

聰明的人會將實賺100萬做成賠錢。

老實的人會將實收100萬如實繳納。

為何前者財富越滾越大，又為何後者總是
在原地踏步。

因為前者懂得將有限的數字放大，技巧性
的縮減成本。

然而後者卻難以深知別人的做法，更懶於
去了解更多。

【稅金一直以來都占有相當高的比例在買賣方甚至生產成本裡面，假若有突然增加於此預算的部
分，一般都會把其納入並加諸到售價上面，最後還是會被消費端買單吸收，任何行業都差不多。
換言之如稅制越重，則生產及銷售的壓力也會隨之上昇，所以為何要有避稅的存在，為何這又是
一門專業領域，因為只要成本有所控制，要則多賺，要則風險降低，最重要的是讓整段數字空間
有所彈性可以去隨時反應或調整周轉。】

住宅與
商業區

| #建築知識 | 用途差異 |

城市發展的邏輯，都會將居住密度比與人口集市率在一張地圖上分類規劃出來，有的根據公共建設，有的根據道路動線，但對買方而言，其實還是有需要了解都市計畫原則的必要。

建蔽率決定了一塊地可建築的範圍，同時因此限定了一定比例的開放面積，而這也間接決定了綠化空間。

容積率決定了一塊地可建築的高度，同時因此設定了一塊區域的高層大樓比例，容積越高建築物就越高。

這兩者之間的土管組合，就可以控制設限每一個重劃區它未來是低密度的住宅區，還是高密度的商業區。

透過建蔽率與容積率所算下來的坪效比與法規，有分為只能蓋透天或別墅的結論，有高比例是中高層建築的集中區，有可規劃超高層大樓的豪宅區，也有夾雜商業辦公與住家等複合式的商業區，都市計畫決定了一切。

消費市場也會將每個不同特質的區域發展出不同的行情，例如高總價的豪墅區，平價親民的透天區，高單價的頂級大樓豪宅，換屋型的大棟距產品，還有市占率最高需求最大但是門檻最低的首購建案，地價決定了售價。

住宅區的大樓，基本上比商業區來的低。
住宅區的建案，基本上比商業區來的俗。
商業區的大樓，基本上比住宅區來的擠。
商業區的大樓，基本上比住宅區來的雜。

在重劃地圖上紅色的地目，通常較易隨著時間成長為集市機能商圈，而且普遍也會最早成形。一方面商業區創造大量的房屋供給量，讓人口集中率相當高，而商業與生意行為也從此為圓心往外擴，於此僅剩的土地最後都能創下天價，不僅如此，連店面或住宅也都會因此更貴。

黃色的地目，也因為在道路動線或集市不均等特性，大部分都會是一般住家的聚合地，也因居住人口較散雜，所以很難成型為是商家的首選地點，機能於此零散，但也因為這特質，住宅區就成了相當宜居的環境，安靜之外，綠地或公園學區等等的比例也會比較高，相當舒適。

商業區的特性：

1.商家多元廣泛。

2.公共建設集中。

3.生活機能便捷。

4.交通動線便利。

5.普遍大型建案。

6.社區人口擁擠。

7.發展潛力可期。

8.棟距普遍較差。

9.生活質感有限。

住宅區的特性：

1.純居住的區域。

2.綠地公園較多。

3.環境普遍幽靜。

4.道路多數較窄。

5.生活機能潰散。

6.社區規模平衡。

7.棟距條件較好。

8.單價通常較低。

9.商業發展較差。

住商區域各表所長，兩者各擁其彼此所沒有的優缺點，根據自己所嚮往的住宅條件與需求，選擇最適合自己的就好。而每個人生階段所思考與要求的也都不大相同，今天首購要的，明天首換想的，後天二換找的，也都有頗大的差異，但不會變的，無論是哪一個重劃區的規畫原則與設計初衷，決定其未來的，永遠都是市場與買方。

【我喜歡商業區，因為很方便，雖然生活品質差，但沒關係因為我所要的就是快速與便利。我喜歡住宅區，因為很舒服，雖然生活較麻煩，但沒關係因為我要的就是安靜與單純。不動產有趣的地方就是沒有絕對值，更有趣的地方是每個青菜蘿蔔，真的各有所好，所以在這市場少，鮮少有那種真的沒人要的產品，永遠都只有賣不掉的價格而已。】

抗性的
另一面

抗性，這是業內統稱的術語，普遍就是買方所認知的缺點，每一個建案、產品，都會有它先天性的缺點，所以針對所謂的抗性來做銷售上的解釋與業務訓練，也是身為代銷或第一線必要做的功課。

人們在乎的缺點，總是第一眼所看到的條件，有的明顯易見，有的卻不易被發現，根據購屋經驗與實際所發生過的案例，可以預先判斷住了之後自己能否接受，這也是許多首購族的迷思。

每個人的喜好不同，能接受的缺點範圍也不一樣，但唯一可以解釋的結論與歷史經驗，無論是多嚴重的抗性還是多麼被嫌惡的產品，它都不會被永遠空置在那賣不出去，以此也見證了那句最常見的美言是「沒有賣不出去的房子，只有賣不出去的價錢。」

任何房子都跟人一樣，沒有十全的完美，端看用甚麼角度來思考它，如果一直帶著主觀偏執的有色眼鏡，自然怎麼看都不順眼，有些人先天比較樂觀，有些人並不在乎你所介意的點，有更多的人可以用折價或現實考量來包容那些產品上的缺憾。

在業務的角度上，賣方總是會集思廣益地去思量，那些抗性背面所帶來的好處是甚麼，也會站在消費者的需求立場上換個方向建議或說服，要是你購屋經驗上並沒有遇到太多業務口水來洗你的臉，代表其建案還有更好的選擇，隨你喜好自由決定，但也表示那些戶別或樓層，肯定在價錢上是比較高或比較硬的。

這也相當公平，好的條件，理當付出更高的代價取得。

不好的條件，不好的位置，自然設計更多的價差給你。

抗性的包羅萬象，不是三言兩語能夠講完的，從基地的各種狀況，產品規劃上的退而求其次，設計上的美中不足，還是品牌上的弱勢，或是各種可能性的風水還是外在因素，都能成為潛在性阻礙購屋或影響決定的理由，這也考驗業務的強度與毅力跟能力。

有的銷售一遇到無法解釋或解決的買方質疑，在心裡層面就輸了一大半，因為他無法說服自己跨越那道牆，也許是道德感作祟，也許是歷練不足，也許是功課做得不

夠，也或許是他就只能賣難度低的產品，所以尋找抗性另一面的同時，也是在培養自己看待人事物的思維觀，唯有平常心的面對才會有所突破。

有的買方也是遇到這樣的狀況，就輕而易舉的放棄眼前標的或好的進場時機，因為太吹毛求疵，因為太過完美要求，因為太過於要馬兒好又要馬兒不吃草，所以忽略看待事物的正確態度，反而令自己在無形中吃虧，所以要帶著合理性且中立的觀念是很重要的。

可能不動產是因為其金額的龐大，導致普遍買方都有著追求無缺的心態，雖然總價高，但其實購屋這件事也不過跟一般消費本質無異。沒有便宜的名牌、也沒有很貴的雜牌，沒有平價又很高檔的品質、也沒有廉價卻很完美的產品，所有一切都在價與質之間取捨，而看屋看到了最後，每個人也總會去適應這法則。

以業務的觀點出發，開始訓練自己在當下服務銷售的建案中，找尋每一項抗性與缺點吧，找出的越多，代表你下的功課也越多，也代表你可能為消費者想得更多，自然會想著如何解決那些問題。

以買方的立場出發，開始練習自己消化看屋時所遇到的產品缺點，甚至是已經很喜歡想下決定的。找出那些你所介意抗性的另一面，重新審視它，越客觀代表那個思維是越正確的態度，越能以務實而非尋找完美理想的精神來面對，才不會令自己錯失機會。

【無論是買方或賣方，我們都是在這個過程中學習成長茁壯，不動產的原理也是如此，走遍全台都不會有那種完美的建案。即便有，一般人也買不起，即使有，那也非等閒之輩能囊括的池中之物。所以不需要追求好高騖遠的不切實際，有時候回過頭後會發現，那些當初幫助你決定、給你正確引導的，就是那些有能力的銷售業務。】

廣告戶
還有嗎？

| #建築知識 | 策略 |

廣告戶的意義在於用做廣告價格或主打在廣告內文圖稿中的戶別，通常使用在促銷或價格戰上，總之就是要吸引消費者來看房子的手法。

幾個買方最常問也最想了解的問題。

1. 廣告戶要幾戶有幾戶，有廣告需要隨時都可設定。
2. 廣告價都以條件差的戶別做基礎所以是最便宜的。
3. 廣告戶通常還有些議價空間但非常少別期待太多。
4. 廣告戶賣完可以不用講也可以臨時再生出來一戶。
5. 離廣告戶條件不遠的戶別有機會以廣告價來出售。
6. 離廣告戶條件很遠的戶別樓層不可能比照同價錢。
7. 廣告戶是全案價差調整後最低價的戶別不是均價。
8. 其他戶別的成交價錢只會比廣告價高不會比它低。
9. 廣告戶的價錢是不會有跟其他戶相同的折價空間。

有些建案永遠都有賣不完的廣告戶，並不是很多戶，而是一間一間的消化，賣掉再拿一間來設定，看銷售狀況需要以哪種客層做目標或跟著策略走，總之廣告戶不一定只有一戶，也不一定賣完就沒有了，當然這個你情我願的遊戲規則都是賣方擬定的。

策略這種東西跟水一樣，沒有固定的形體，也沒有一定的方式或思維，只要有效，只要有正面的回饋，它就是個好方法。廣告戶通常使用在價格戰上，打出明顯的價錢，要來區隔預算不足的買方也好，要吸引預算有限的客戶也罷，總之它就是要夠吸睛，也最好要有特別的賣點去搭配這數字就能更震撼。

而在近幾年也出現了這種市場狀況，每個建商都往低總價產品來規劃，高坪效的房型越來越多，這種設定的初衷都是為了要有效降低或突圍自己建案在市場上的售價數字，所以幾乎每一篇廣告都可以看到多少萬起的字眼，廣告戶成了相當普遍的做法。

行銷的邏輯原則就是先求有、再求好，你

沒有來客，何來進一步談價錢的機會，沒有議價的衝動，何來成交的結論。所以先把人吸引集中起來是廣告要做的第一件事，來了之後再說服買方談其他戶，看完房子後再想辦法來刺激消費者買其他戶別，總之大部分的人們都是看到廣告價而來買的卻不是廣告戶。

廣告價不存在廣告不實的問題，因為產品戶別與價差多元，但最低的可能售價卻符合廣告上的字眼，所以這也是事實，只要建案還在線上銷售的每一天，廣告上的促銷戶就會一直存在到結案。

許多買方也會問道，廣告戶為何不能跟其他戶別一樣有相同的折扣？如果定價模式是以折數為主的話，正常戶別就會有各自的開價，而廣告價就是接近底價的數字，自然就不是所謂的開價。假設定價模式是以類不二價進行，那就是每一戶包含廣告戶都有每個固定的折價方案，也不能再談，每個人都是公平的。而定價模式是全面不二價的話，那每戶都不能再議價。

目前的市場也因為太過於透明的資訊與快速便捷的科技，傳統定價模式也漸漸式微淘汰了，於此代銷公司更難賺取超價溢價。所以這種類不二價的統一折讓方式越來越流行，買方可以更能公平公開的買到固定價格，不會有誰特別貴誰特別便宜的狀況。但這樣的環境就是再也沒有購物殺價的快感與成就感。

廣告戶有很多話術可以使用，無非就是要敦促買方即時決定，要求籌碼談判時交換的理由，你想要得到自己的目標就得來雙方交易，而賣方就用廣告價來換取吸引你現在必須要馬上付錢簽訂單。

【通常高價位的產品或品牌是不打廣告戶的，因為會讓其廣告調性與客層質感降低水準，所以發展至今，都會有著那種打廣告價的建案都是首購且比較不具企劃深度的絕對感，高檔產品絕對不可以打廣告價。但這種老掉牙的思維在現況似乎也不見得就一定是如此，如何發揮廣告效益的內容才是務實的態度與做法，數字也能兼具高水準的品味，豪宅也是可以打價格戰的，只要能帶動影響力的畫面與文案都是好企劃，只要能帶動成交率的廣告戶都是成功的策略結論。】

雨遮計坪

| #建築知識 | 數字遊戲 |

自從相應法規上路後,第一階段是雨遮不得計坪,第二階段是雨遮不得計坪計價,因中間的時間差導致每個建案都有所不同,根據建照申請的時間都有不一的計算方式,而這也讓許多消費者對此有所誤解。

有人認為,雨遮沒計坪,感覺很划算。

有人認為,雨遮沒計價,才是買到寶。

事實上卻並非如此,面對政府各種不合理的限制,賣方都有相應的措施來規避,因為若要雨遮不得納入售價範圍,等同要將其面積占比的成本全數吸收,換言之這些空間的確是紮實的存在,也為了滿足在建築外觀與需求的設計,雨遮是有建構成本的,但要賣方免費贈送,也說不過去,所以只好在文字與數字遊戲上來配合各方的要求與期待。

附屬建物是涵蓋雨遮跟陽台,在總售坪裡大約占了5~8%的面積,賣方可以在合約與登記上把雨遮坪數歸零,只要將這些數字移到陽台或公設內就行了,事實上總售坪並不會因雨遮不計坪的規定而有所下降,只要不屬於主建物的面積嚴格來說都算是虛坪,包含陽台,因為那都是在牆外的空間,室內根本用不到,所以去執著於有無計坪沒意義。

至於雨遮計價,一樣在買賣合約書的雨遮欄位裡備註此面積不但歸零也無金額,同理即可解決規定之要求,但消費者往往都認為這樣就會對購屋總價的比較之中是占到便宜,其實不然,你依然還是有買到那些面積,只是賣方把它分到其他你不會注意也不會介意的地方罷了。

不用太過於去計較雨遮有無計坪計價,也不需要去比較附屬建物與公設坪數占了多少總面積,不管賣方怎麼算,也不需去執著業務怎麼話術,即使未來有更多更新針對面積售坪管理上的法規,只要記得一個結論就好,你該在意自己所買的是實際坪,也就是所謂的主建物,這也是讓任何計算法都無所遁形最務實的看法,主建比才是消費者該評價的重點,只要此占比在市場中是高的,那當建案就是划算的選擇。

當然現在有些建案為了產品的獨特性,可能陽台面積異常的大或是多陽台設計,特

別強調在陽台上的綠化配置或多元使用空間，於此附屬建物的坪數與比例就會比一般建案來得高，這就得以特殊案例看待。

雨遮，很多人覺得那是個沒有用的空間又或是怪罪那是建商要來多賣坪數的惡質行為，其實雨遮在建築領域上具有很多的正面作用，可以增加外觀造型的立體面，來增加更多可以符合設計語彙的線條。也可因那退縮深度來達到遮風避雨擋陽的功能進而提升室內居住的品質。

過去那種陽台外推或雨遮全面拉平的建築物，不僅外型難看，也因窗戶玻璃與牆面高度曝曬雨淋經過時間後漏滲水的機率就會非常地高。

有無雨遮當牆室內比較：

1. 遮蔽日光直射線，一個室溫高，一個低，兩者之差影響冷氣耗電度。

2. 避免陽光直射角度到屋內的熱度，室內家具裝潢較不易被曝曬損耗。

3. 有雨遮可以大幅度減低雨天跟颱風時的雨水潑濺與水氣接觸的頻率。

4. 無雨遮的外牆窗戶容易因為時間或屋齡產生濕氣侵蝕窗框或混擬土。

5. 雨遮的立體凹面可以減少空氣與風帶來的髒污黏著在玻璃上的機會。

事實上雨遮的確有成本的存在，端看消費者如何看待它，你認為沒有用，但不代表就要因此免費計算，所以嚴格來講官方要求雨遮不得計價是毫無道理的，於此在實際買賣上建設方也不會如此照辦，但在坪數分配與雨遮的正面好處上，買方就得要自行取捨這其中的平衡了。

大部分人在意的不管是公設比也好，雨遮如何計坪計價也罷，這都不會是要決定購買一個建案的重點，行情大概也就是那個樣子。頂多在主建物的比例上在多寡上下差異可能會達6~10%，這對於未來交屋後的室內空間感會比較有差，所以統一以主建比來做為比較準則即可。

【雨遮不計價似乎可以拿來成為一個建案的賣點，但如果你的主建物比例比其他人還低的話，即使雨遮不計坪也不計價，其實都不會比較划算。每個建商都有各自不同在移轉各種細項數字的理由與堅持，但這個原則都不會離開投報理論，消費者外行所以難以理解其中的道理與邏輯，只能自以為是的覺得這樣子好像對自己購屋就是最有利的，政府的規範很多時候並無法符合雙方全面性的公平性，最終就成了脫褲子放屁的多此一舉，不僅模糊了買房的焦點，也讓買賣過程多一道無聊的程序。】

不動產
食物鏈

許多消費者以為在購屋買房的過程中，建商是賺最多的，其實不然。

房地產交易金流轉移的食物鏈順序是如此：地主>建商>代銷>仲介。

地主：是所有要建構房子最主要原物料來源的主人，可能來自於零成本的家族繼承、可能是早期無目的的農地自用需求、可能是計畫性的短中長期投資置產布局、可能是法人機構或企業與建商的養地策略，無論是何者，他們都是因為土地而產生大量的財富，同時也是房價行情高居不下的最大既得利益受惠者，地主所膨脹的資產倍數遠大過於建商的投報效率。

建商：將土地規劃成各種建案產品在銷售出去的加工者，以高度的槓桿操作來將資金周轉運作極效化藉此產生以資產滾動現金的商業單位，先不論建商是否有賺取養地價差，基本上都有其固定的投報計算公式，而這也會受景氣好壞與推案銷況影響收益或利潤，建設賺的是利用銀行成就自己，以低利率的時間週期成本來將資產的空白數字成為實際回收資金。

代銷：建商創造建案後的大宗通路者，是統包全案銷售的單位，著重於廣告、企劃、包裝、行銷與業務的公司，是不動產市場的第一線，同時肩負塑造行情與維持房市的責任也為建設公司處理大部分的買方問題與溝通橋樑。

仲介：建商將房子易手給消費者後再有其轉手買賣的零售通路者，絕大部分的賣方與買方都非不動產業內的人，也是台灣房地產在私售通路中最具有效率的選擇，不管是有買的意願或賣的打算，交由仲介負責永遠比自己處理來的更有效益，然而他們的存在價值也成就了這領域的服務費收入。

房價的組成為：

土地成本：地價越高的區域則占比越高。

營造成本：隨原物料人事通膨越來越貴。

政府稅金：隨政策稅制但會轉嫁在房價。

銷售成本：廣告費用與銷售必要性支出。

利潤管銷：毛利與其他基礎必要性雜支。

假設一間總價1000萬的房子，其中約35%的金額是地主所賺的。再其中約30%的成本為營造相關廠商的獲利機會。再其中約20%的未稅獲利為建商的收益空間。再其

中約5~6%的銷售服務費為代銷公司的佣收。換言之一個建案到最後難處理且剩下的2~3成戶別才是建設公司的實質收入。交屋後到了消費者手上再行請仲介轉賣的服務費則不算是房價的構築成本。

常見的買方問題：

Q：建商自售沒請代銷公司的建案，是否可以比較便宜？

A：否定，沒有代銷等同納入建商獲利或其他成本支出。

Q：建商若養地許久或土地早期持有是否可以比較便宜？

A：否定，建商等同於地主，售價將比照土地現況行情。

Q：政府相關法規之稅金是否由建商無償吸收不算成本？

A：否定，建商會預估可能性相關稅金加諸在房價之中。

Q：地主是否才是整體不動產房價行情推升的主要原因？

A：肯定，地價的成長是快速帶動房價上漲的絕對主因。

Q：地主是否才是房產價值提升中的最大

暴利與優勢方？

A：肯定，地主不須要承擔任何風險甚至幾乎沒有成本。

Q：營造與人事的基礎費用是否都十年如一沒有上調過？

A：否定，營造與人事成本隨著時間跟貨幣貶值漲不停。

沒有打擊或抑制到地主的暴富或任意喊價，根本無法調控房價。

沒有有效抑止原物料與人事成本的通貨膨脹，成本根本下不來。

沒有合理規範賣方既有稅金上的支出還不斷加壓房價很難下修。

在台灣，只要是土地持有者，永遠都不會是輸家。為什麼消費者只會比房價卻鮮少去了解地價，因為大多人被無知與外行設限了專業知識的框架，認為房價就是可以刻意人為去操控，而無視成本理論。假使人人都會計算自己房子到底值多少地價，或者人人都有那種基礎常識去認識或研究更多的土地行情，也許就可以慢慢理解與窺視為何政府只打房而不打地。

投資也是從小房漸漸推滾到大目標，套

房、兩房、三房、透天、店面、最後則是
土地，而本夢比的暴利機會也是從最大的
資本額或投資門檻遞減到大家都買得起的
產品。在不動產的歷史之中，因擁有土地
而令資產增值到數千至萬倍的大有人在，
這些誇張且僅少數人暴富的成長空間到底
最後被誰吸收了呢？就是消費者，就是你
與我，就是自住用且平凡的人。

【地主吃肉、建商食皮、代銷啃骨、仲介喝湯，從北到南，無一例外。這些房子的價值，最後也
終將會被市場所驗證與接受，不管是甚麼價位、行情，消費者才是判官。沒人買單，則沒行情，
交易無量，價自然掉。沒有賣不掉的房子，永遠只有賣不掉的價錢。反之價漲量增，在地主與賣
方依然囂張喊著創高價格等你來搶貨的時機點，等待房市下行可謂遙遙無期與不切實際。】

房市崩盤過後
會如何

| #市場分享 | 有感透析 |

對於那些居住正義的訴求，究竟房價要跌多少才可以滿足他們來願意進場購屋？

10%？

20%？

30%？

通常在經濟環境低迷的盤整之中，鮮少會下修行情到20%的比例，頂多在10%內遊走，為何呢？

因為30%就是一個關鍵門檻，所以只要達到這個跌幅，毋庸置疑就是崩盤的開始，金融系統風險會如骨牌般瘋狂失控崩潰，也會導致嚴重的民生影響。

以一般自住的人們而言，大部分房貸金額出自於銀行，假若房產總值跌價超過貸款金額，要是不繳，就會被回收法拍，銀行再賤價出售，以此惡性循環。

要是續繳，你是在養那正在萎縮的資產。

要是出售，也損失掉那些你已付過的款。

很多人為了買房花光了積蓄，房價卻大跌，這對普遍有屋需求的百姓而言是極大的傷害，再者受到這種無法接受的壓力與恐慌，會有不少人選擇斷頭出售，一旦如此，這風險也就全部轉嫁到了銀行來承

受，只要市場與社會上的斷頭屋達到一定的量，就是另場金融風暴。

以不動產的上游鏈而言，無論是建設公司還是開發商，其經營所運用的成本資金也大部分來自於銀行，當抵押的房地產價值產生崩盤效應，這些行業將會面臨大規模的連鎖破產，進而倒閉，銀行便無法回收這些借貸資金，成了天文數字的呆帳，使系統性金融風險爆發造成危機，同時對經濟社會造成非常大的衝擊。

以置產者或投資客而言，當一般民眾以合理的投資槓桿比例在做收益，不管是否有炒房的動機在其中，當房市崩盤過後，這些人普遍都會選擇斷尾求生以減少損失，這時誰先賠售誰的虧損就越少，最後每個人都只是為了要搶著擺脫銀行的貸款，最終還是由金融單位來吸收這些崩跌的數字，加上前述兩者的脫產壓力，整個國家與社會的經濟就會快速地走向崩潰的邊緣。

所以崩盤是一個全民皆輸的經濟現象，沒有一個人可以得惠，也會產生惡性通膨與擠兌的可能性。

而這環環相扣的經濟與金流連結，並非只是單純把房子賣掉就沒事，循環到後面也將由每一個人的工作事業與生活來承受這些痛苦或代價，所以為何稱為「風暴」，因為無一可倖免於難，它帶來是全面性的影響。

每一個國家的政府，都會在平時謹慎觀察這些發展指標與動向，在必要的時刻出手調控，為的也是在還能來得及掌握的時候讓其不要走偏，不要擴大問題。

其實房價漲得太快或跌得太兇，都不是好事。

房子是需求，是人們生活中一的一環，也是必需品，當民生產品被過度的炒作，最後也會成為高風險的燙手山芋。房市漲多或跌深的差異在經濟發展之中，壓制大多頭的熱潮永遠比挽救大空頭還來得簡易與單純。

回到最初的問題：請問對於渴求居住正義的那些人。

你們希望房價能夠拉回多少呢？

或是房價降多少才能買得起呢？

有堅持抗爭的理由，自然就需要有一個動機的結論目的或目標，是否即便產生社會動盪的金融風暴，也在所不惜呢？

【不管是買方或賣方，我們的生活世界還存在一個影響力最大的第三方：銀行。這是一個三方相互緊密連結的平衡，景氣好的時候自當人人得惠，環境差的時候是人人共體時艱。賣方銷售於買方，賣方賺錢，買方擁有資產增值時，買方賺錢，買賣方都有信心做投資的時候，銀行賺錢。反之，全部都賠錢的時候，就是萬劫不復。】

不動產的
數字運作

│ #市場分享 │ 神奇概念 │

在房地產的世界之中，充斥了許多想賺錢營利的各種思維，有的突發奇想，有的天馬行空，你遇過幾個呢？

二房東：與原地主或房東長期定價租下標的，將其改建成可收租金的單位，有的在空地上興建基本地上物來做店面，有的做停車場出租或簡易型的商業店家。運用老宅與辦公樓規劃投資型套房或會議教室來做被動收入，此技巧也是許多行銷型部落客會教學與承攬的業務重點。

寬限期：房貸都有寬限期，展延甚至可達3-5年的時間，這段期間只需要繳還貸款的利息，以刻意不還本金的方式來降低每個月的支出，在到期前將房子出售來買下一間新屋，以此循環，長期能不斷換新房住還能賺點增值價差，最重要的是不需要付擔高額的本息攤還，運用房貸利息永遠比租金還便宜的特性來操作自住兼投資的槓桿。

投機型：找出市場上各種產品售價與租金的差異點來做投機思維，例如大坪數的房子租金投報率較低，小坪數的需求較大租金投報較高，那麼自住就選大房子來租賃藉此省去那高額的購屋總價，再買數間小坪數的房子當房東來收租填補那間自用支出的租金，以正負差來占便宜。

實際案例：

1. 地租30萬／月，長期租下不得漲價，投入基本建物成本，拆成每月能收60萬的店面配置。

2. 老宅3萬／月，長期租下改建裝潢，拆分成每月能收超過6萬的套房，有的是買下來改套。

3. 商業空間1萬／月，改裝成會議教室來時租營利，地段條件不錯的甚至可達3萬／月的收入。

4. 廣告用途1萬／月，將有曝光價值的牆面或空間轉租成看板，約可達近1.5萬／月的收入。

5. 若以薪資計算不足以負擔貸款來購買太高總價的房子，就僅以利息做考量，藉此拉高槓桿比例。

假若貸款1000萬，本息約4.4萬，但利息僅1.4萬。

忽略本金，就可將貸款金額上限拉高1.5-2倍以上。

以寬限期來支撐時間，能夠展延多久就
盡量拉長。

假使3年後到期，屆時再將房子賣掉，
還能夠賺到增值價差，換住了新房子
後，再重新如法炮製循環週期。

6.假設80坪的房子租金6萬／總價3500萬，
25坪的兩房租金1.5萬／總價700萬。

自住租80坪舒適的大房子還帶裝潢家
電。

買4間兩房來收租補齊自用的6萬／月租
金。

如此正逆差可省去700萬的購屋總價金
額。

也許以上這些方式都還存在著許多未算在
內的技術性雜支與成本，但這卻是目前在
台灣一些地區實際有操作的案例與事實，
從不動產的數字之中找出利益之道，也成
了某些人士的受教課程或會員，間接造福
了這群老師們的荷包。

其實任何投資都存在風險管控，若是以投
機的角度來看待房地產，很多時候是不太
健康的，因為高報酬的背後都是極高的風
險，在景氣尚穩定時，都看似天下太平，
但某些操盤手法是會受限於時機跟氛圍
的，要說穩賺不賠，也是勉強，也許對於
那些沒有太多經驗或老練的人來說他們不
會去想那麼多，但往往魔鬼就出在於你尚
未思考到的地方。

不動產的本質在於穩定，而這個立基點永
遠都是「保守」，以退為進，以守為攻，
有多少錢做多少事。

該準備多少資金買房，就好好盤算那些自
備預算。

投機的本質在於賭，如果沒有足夠的籌碼
跟未來景氣對賭，輸家就從此蘊孕而生，
耐心才是不賠的正道。

不要想著在短時間賺取高額投報率。

不要想著能夠不勞而獲的占取先機。

不要隨意嘗試尚未沙盤推演的建議。

不要老是做著不切實際的貪婪幻想。

【地主永遠都是最大的贏家與暴利者，為何那些老師不直接帶你去買土地就好了呢？因為門檻太高，因為很難吸引到想賺快錢的人，同時土地也沒有投機周轉空間，沒有話題，就沒有可以塑造奉金信徒的理由。置產不需要花招，只是簡單的放著養著就好了，頂多就是需要對產品與發展的判斷罷了。】

新竹捷運
一說

新竹縣市輕軌捷運計畫，在兩年前已前瞻預算申請，自此成為了房市未來的遠大藍圖理想之一，但市場看法卻相當兩極，究竟在新竹地區，是否有捷運的需求呢？

持反面意見的人，多半認為新竹過小，沒有實質捷運疏通的效應，加上路寬動線普遍狹窄，建設黑暗期太過痛苦，又或者是對於科技業人士都習於開車，距離也不會太遠，即便未來真有捷運，也不看好。

持正面意見的人，一方面認為對住家與城市交通便利性有很好的幫助，也能改變整個區域環境的不同，進步總是好事，另一方面是可以對房市有刺激的效果，捷運宅更是人類對未來的住家主要考量首選。

依照新竹現況來分析：

這個城市長期以來缺乏大眾交通運輸系統，甚至連過河到竹北大都得仰賴自有交通工具，那麼不能開車騎車的年齡層，只能苦等公車，不僅耗時，也不像其他大城市般方便。所以在新竹生活的人們，不能說是大家都愛開車，而是沒得選擇，自行通車上下班、接送家人、孩童上下課，是最安全也是最方便的。

看看一個很常見的購屋矛盾理由，我想買在學校旁邊，可是一到尖峰時刻，就塞得很嚴重。

我想買在百貨公司附近，一到假日休假，幾乎住家附近都會被車潮癱瘓，又擠又煩又吵雜。

其實客觀評估與判斷，新竹是僅次於台北最適合捷運的地方，雖然地形狹小，卻車多人稠，加上隨著時間過去，外來移入的人口與工作相關的需求，是越來越多越來越大，未來若不想辦法解決交通問題，那會更加恐怖。

想想每一年不斷推陳出新的預售屋，那些一片又一片從空地到蓋滿的住家供給量，城市之中的車流與日俱增，總有一天會再也無法滿足這些人口快速成長的飽和度，人們對於大眾交通系統上的依賴與渴求也會越來越重。

然而捷運建設並非是短期就能看到成效的，從計劃期到正式發包動工、在到最後完工通車，至少耗時十年以上，也就是眼下所做的是未來的事，所以不能用現況或過去的觀感來衡量，捷運到底是否適合新

竹竹北這個區域。

假設我們已存在捷運的話：

1.可以大幅度降低接送孩通的車潮車流。

2.若能分支到園區各廠更有效省時快捷。

3.假日能夠大量減低熱門鬧區的塞車率。

4.提供每個家庭全年齡的大眾運輸選擇。

5.減少許多尷尬距離上自行通車的需求。

6.雨天或尖峰時刻可避開計程車的考量。

7.增加所有捷運站區周邊附近集市效應。

8.有助維持等待接送學校邊的交通秩序。

9.減少開車機率也能有效降低碳排放量。

10.重新排序與改變房產的地段價值排名。

密集度越高越集中的地方，應該更需要捷運。

人口年齡比越年輕的城市，應該更需要捷運。

人口成長率越快速的區域，應該更需要捷運。

也許眼下你覺得沒必要也不需要，可未來就難說了。

台北當初的鐵路地下化與捷運計畫甚至是起初的高鐵，都是不被看好的，而事實也總是會被人們的生活需求所改變當初的主觀認知，於此只能說明，重大的交通建設永遠都會是利多，只是需要時間來證明而已。

【捷運建設最為痛苦的是交通黑暗期，這對新竹人的生活而言，會帶來非常大的不方便。不過這也是個很令人期待的未來夢想，很難想像有捷運之後的新竹會有多方便，或是能極有效改善所有的塞車窘境。再說了，擁有先進城市之稱的竹科範圍，竟然沒有先進的交通建設，也是有點矛盾與奇怪。】

外送平台
崛起

快速便捷的時代來臨，懶人經濟崛起，實體店面漸漸沒落，未來又會有何變化呢？店面租金居高不下，房東即便空著養蚊子，也不願降租，很多人不解原因為何，投資店面不就是要拿來換租金投報率嗎？在台北市或其他精華地段的大品牌徹租新聞不斷，也在某段時間點裡成為名嘴與節目的討論重點對象，似乎總認為店面租不掉就等同其房價就該下降，或租金就必須得要向下修。

在不動產的置產或投資領域，都是由小買到大，由小投到大，由住家買到土地，從小滾起。

這個市場與商業邏輯是這樣子的。

假設店面租不出去就必須要降價，那麼請問如下：

你的套房空租期長，就必定會降價出售或降租嗎？

你的兩房閒置在那，就必定會降價出售或降租嗎？

你的三房賣不出去，就必定會降價出售或降租嗎？

你的店面租不出去，就必定會降價出售或降租嗎？

你的土地空在那邊，就必定會降價出售或降租嗎？

同理，不動產無論你是購買何種產品，只要你不缺錢，根本就不會影響標的物上的價值，因為你不需要斷頭出售換現金。店面也是一樣，對於有一定資本實力的投資客而言，賺租金並非是他們的唯一目的，相反地，租掉的那個收入是多出來的，沒租掉，那就繼續放著。

無論旁人或路人怎麼去思考，但我們都無法用一般人的思維來想著那些有錢人會怎麼去處理自己的資產，更沒法用常理去主觀定義他們會怎麼做，因為當你是這樣的置產客時，也就會慢慢了解這中間的操作理由了。

的確在現今網路發達的時代，取代租金的方式越來越多，臉書直播售物不僅大幅度降低租金成本，甚至營業額還遠比實體店面的過路客還要多。外送平台也漸漸流行來提供更多的便利性給消費者，而這也產生了降低集市率的效應，人們不願出門吃飯就沒有了熱鬧感，未來除了大型百貨之

外，店面的需求度也就會越來越式微。

大家也會擔心起來似乎投資店面好像沒有了如以前般有著堅持的理由，其實這現象跟住家的空屋率與少子化是一樣意思，為何在市場的事實面上這些店面的租金行情並沒有明顯的降幅。跟住宅的價錢完全沒有受到這些大眾擔憂的議題影響相同，因為不動產的價值並不完全只建立在使用上，雖然它會影響到持有者的收入，可沒人會因此賤價出售與出租，即便難租，它依然還是那麼貴。

做個極端的假設好了，店面原本是可以帶來高度集市率的作用，即使未來幾乎沒有人願意付租金來做實體店面的生意，它們的行情與租金，也不會因此受到太多的影響。

就算整條街上沒有半家店面租得出去，就算整個社區所有的店面都是空的，就算生意難為，人潮難聚，你想要撿到便宜的店面還得看運氣，反之若有房東願意以廉價的行情出售，即使沒人開店也沒人願意承租，它也會馬上被秒殺接手，於此你還會相信不動產的價錢與行情只會建立在使用的立基點上嗎？

不，房地產的價值，在於市場機制。

只要有買有賣，空屋率再高，少子化再嚴重，店面使用率再低，其價錢行情依然會訂在那邊。

便宜貨，馬上有人會承接賺價差，管你有沒有人要住、租、用，它就是有市場認同的價值。

【店面何去何從？就是一個放錢的工具唄，隨著時間它還是會增值，好的地段它也還是有著被大家認同在一定程度的價值，不需要擔心未來會不會有更多的商業模式會取代實體店面的地位，就算生意難做，其租金還是會照地點條件來分門別類，想要占到房東或持有者的便宜，在不動產的世界裡還是沒那麼容易。】

市況結論
原由

| #市場分享 | 中古屋 VS 新房 |

今年已走至中古屋嚴重供不應求的賣方市場，多數屋主寧可惜售，也不願在目前熱絡的環境中輕易出售自己的房子，假若有不錯的物件開發委託出來，竟然還能看到久違的景象：仲介買方領號碼牌排隊看屋，想想這樣競價，又怎麼可能會以底價成交呢？創新高價是正常自然不過的結論。

現在最常聽到仲介同業的一句話：「如果今年沒有成交或成績不好的話，就可以轉行了。」意思是在這樣可以輕鬆撮合的氛圍中，要有業績並不難，只要足夠的認真與努力就必定能有所成就，除非真的很懶或工作態度有很大的問題。

這也反映出目前現況只要是有需求的買方，有很多是迫切想要趕緊可以有個落腳點的，在預算符合的狀態下，決定的速度都很快，在你搶我爭的結果之後就是成交不斷的消息。

很多人都會對此市況感到不解，究竟是甚麼原因造成的，而且這樣突然，似乎瞬間又回到當時景氣很瘋狂的時間點了。

邏輯是這樣子的：

每一年，房市都會有固定剛性需求的購屋量，但受限於經濟環境與信心指數，不見得市場每年都能消化這樣的需求量，當景氣低迷的時候，這些能量卻不斷在累積，不是買方沒意願，而是不敢買。逐年慢慢地聚積起來，到了明朗的時機傾巢而出，就產生了一種爆炸性的連鎖反應。

例如：

假設每年都有100戶的剛性需求。

103年，只有20戶願意消費，於是這個年頭就累積了80戶。

104年，只有30戶願意購屋，於是承前一年共累積150戶。

105年，只有30戶願意進場，於是承前幾年共累積230戶。

106年，只有40戶願意買房，於是承前數年共累積290戶。

107年，房市有感回溫，買盤量明顯大幅度的迅速成長。

108年，已有推行之建案去化速度加快，前面好幾年所積累的欲購屋者，被氛圍信心影響推動全都跑出來買房，然而建商與賣方的供給量還未達可以消化這些需求

量，就產生了現今市況的結論。

在時機不好的那幾年，許多消費者悲觀看空房市，期待價錢有所修正，期許行情能夠下降。當一年一年過去，事實不斷的打擊與棒喝這些等待者，他們失望了，也無感了，於是只能接受現實：

「新房子，就是越看越貴，買不買，都還是那麼貴。預算有限，只好來買中古屋。」

所以現今仲介市場那麼熱銷，也代表著整體房市行情落底的跡象，表示未來賣方在執行預售建案的時候，價錢也就會這樣硬生生地往上抬。

對於代銷而言：房價越來越貴了，但還是要賣。

對於買方而言：房價越來越貴了，也不得不買。

在供給與需求的角力，當供給面越小，價錢則越高。

反之若需求少於供給，價錢就比較能平衡與受控制。

房市落底所提供的訊息是：無論你買或不買，賣或不賣，市場就是這樣的價格，即便你不想接受也不願接受，新建案也是如此。

那麼大部分的人都會有唯一選擇的共同出路：找仲介。

這樣為了預算而購屋的買盤量到了一定的程度，就會直接將一個區域的中古行情價位拉高，房市在環環相扣著互相牽連影響下，這樣的循環結論最後就只剩下你要買與不買的選擇而已。

甚麼是市場機制？

一個百貨公司的停車場，假日時，一位難求，排隊車潮滿滿，此時就有商機出現。

反之在平日，全是空位，當送人都不要的時候，就沒有任何買方需求的商機存在。

這是一個極為簡單的生活案例，這並非任何人說得算，除非沒有人要在假日時去百貨公司完全阻斷需求，否則你我都存在於這市場機制中。

你可以承認與接受它，也可以排斥它，你也可以為它找個莫須有的理由或罪名，但不可否認的是，我們每個人的生活都在這樣供給與需求裡，只要人有這樣的慾望與動機，市場也就會這麼存在著。

【109年會是另一波房市的考驗，賣方積極的大量推案，買方也磨拳霍霍的在期待，這後市在這樣供給與需求角力上的勝負，也是未來幾年能否令區域價錢行情站穩的關鍵。假若各個新開建案全都遍地開花及正面樂觀，那麼這段時間以投資為目的的買方，也都將非常有利可期。而賣方同時可以更能有資源與信心再承購更多或更貴的土地來增加版圖與刺激進步。】

買房就像
上了台列車

| #市場分享 | 觀念 |

鈔票不動就是廢紙，購屋也是種金流。

存款不用就是貶值，自住也是種理財。

首購族不知道的事：買房就像上了車。

怕的是你永遠不敢也不願意跨這一步。

我們都在與時間賽跑：

早買早享受，這是一個起跑點。

晚買晚蝕本，這是一個思考點。

十年前，你只要花500萬，就能買到三房兩衛。

十年後，同樣的花500萬，只能買到兩房一衛。

前者上車起點是第一站，無論你想在何時下車，時間都幫你延伸了財富與換屋籌碼。

後者上車起點是第十站，兩者的比較差距下來，時間都證明了你在貧富之間的地位。

列車只會直直開，不會停。房價並不會百分百的穩漲，又為何車子停不下來呢？

因為金流、因為通膨、因為循環、因為金融體制、因為不動產就是經濟火車頭。

房子即便不會漲價，但銀行的擔保與房貸卻在幫你存錢。

房子即便有偶下跌，但自用自住沒有要賣就不會有損失。

房子即便沒有漲跌，但能幫你抵抗通貨膨脹的收入貶值。

當你還在思考要不要進場時。

當你還在猶豫要不要決定時。

當你還正在東看西看的時候。

時間，也在流逝著，有些人一轉眼就是看了兩三年。

無論你需要多少的光陰來佐證自己心裡的不確定感，事實上你正眼睜睜的看著列車一站又一站的過去，離你越來越遠，景氣好與市場熱時，這車是開得又快又現實，甚至你想上都上不了。

購屋不過就是個觀念差罷了。

人生觀、理財觀、價值觀，三觀有了，這個過程也就僅是如同買菜般這樣簡單又輕鬆。

難道你去買個牙刷也要想個把月嗎？

難道你去買個便當也要比個十家嗎？

你會說，金額不同，不能這樣比較。

但其實，本質一樣，都是民生消費。

是你複雜化了，是你尷尬了買房子的意

義。

是你卻步於需要負擔的壓力與先苦而後甘。

何必找那麼多的藉口呢？

哪裡來那麼多的理由呢？

以人生的角度而言，有房才有家，遲早都要買，那在拖甚麼？

以經濟的角度而言，你的存款效率與收入比根本追不上房價。

以理財的角度而言，買房子就是拿銀行的錢來養自己的資本。

以經驗的角度而言，時間總是殘酷地把人們的貧富分門別類。

買四房不如買三房，負擔有限不如買兩房，在怎樣至少也要有個套房，無論有幾房，永遠勝過於沒有房。

上車的人永遠比不想不敢上車的人還多，更何況許多的社會前輩、企業、老闆、銀行、都在這台列車上。

散戶很簡單，跟在巨人的屁股後面走就行了，站在他們的肩膀上借力使力，不要想與資本主義的主流勢力相抗衡，因為損失的永遠不會是他們。應該是要想辦法讓自己可以過得更輕鬆，讓自己也是車上的那一員一同享受與共利才是上策，為反對而反對最後吃虧的也還是自己。

【不動產的洪流之中，不是要說服你該買房子，而是告訴你這其中的道理與真實，你可以不相信，但市場不會因為你不買房就會降價，你老闆也不會因為你不幹了就會調薪，我們都是這世界中渺小的那一粟，若你還在追求月光的小確幸，時間會很快的將你擊潰。】

你不買
有人會買

| #市場分享 | 尊重市場機制 |

多數買方會有著錯誤的態度：出錢的消費者最大。

認為自己不能接受或不想面對的市場反應與產品或售價行情，就會出現相當任性且主觀的言語行為。

最常見的幾種反應：

價錢那麼貴，誰要買？結果隔天就賣掉了。

地點那麼差，誰要買？結果全部都完銷了。

品牌那麼爛，誰要買？結果出乎你的預料。

每個人都有自己的觀感，而經驗與教訓也總是會矯正大家對於消費市場定義上的態度，慢慢久了，你還是會學聰明的，那就是價錢不是你不買就會降，地段或產品也不是你嫌棄它就能帶動風向，建商品牌更不會因為你的主觀而倒閉或完全被淘汰排擠，青菜蘿蔔各有所好。

當我們處在買方的立場時，眼光是件很重要的事，因為它會幫助你做出最正確的決定，也會讓你成為一個買房達人，更可以讓你成為一個被值得尊重的消費者。當你

的需求已被產品條件上滿足的時候，價錢就不再是最關鍵的成交原因了，只要預算許可，其實就能入手。

一般的消費者普遍分幾種差異：

想買房子但不具有判斷市場的能力與感覺。

想買房子但會隨著當下的環境來改變態度。

想買房子但積極並主動的去了解研究市場。

第一種人，他們被動，且非常的固執與主觀，無論是否符合自己的預算，也不管是否負擔的起，但他們通常會以自我的狀況、立場、觀念、態度來認知這個社會與世界都跟他一樣，所以最常見的結論就是很難買到房子。

第二種人，他們有需求，但會客觀的看待市場狀況，當熱潮來的時候也會改變自己的購屋態度，跟著積極了起來，也會願意接受事實面，而這也是占最大比例的客群屬性，雖然容易被風向影響，但他們卻能買到好房子。

第三種人，大多都是以投資為主要考量，

也對不動產的發展具高度的興趣，同時他們也會帶著最正確的心態來看待房市，該進場時進，不該進場時不會貿然跟風，有利潤空間與增值期待時大膽下手，該轉租賃導向時也會有妥善的資金配置思維，所以他們通常都能賺到不少錢。

這三種人，對一件事情的發生，會有完全不同的解讀。

假設今天有新建案準備公開銷售前大排長龍的新聞時。

第一種人：那些都是建商安排炒房價的演員啦。

第二種人：對於景氣正面反應感到樂觀且期待。

第三種人：找下一個類似物件想方法提早進場。

這是因，而導致最後的結果為：

第一種人：因為難以相信事實，所以房子根本買不下去。

第二種人：因為相信自己的需求，所以房子不會看太久。

第三種人：因為相信不動產的特質，所以買房子都很快。

無論是你是買方，還是賣方，都應該堅信著市場機制。

它並不是那麼容易，或如你想像隨隨便便的就可以被炒作，因為行情不是一個單位說的算，更不是你我可以決定的，買與賣，都是建立在真實的成交上，才會有行情。

假設某區域土地行情在50萬，而建商都會知道若要買下來推案的話房子得賣在30萬，那麼這塊地後面只有兩種結論：一個是看好後市消費者能接受這樣的行情，另一個卻不認為市場可以接受這樣的房價所以不敢買下來蓋房。

同理，若真實以此售價開案了，市場未來沒人可以精準的預料，如果景氣大好30萬完銷甚至秒殺，那代表區域行情成立，周邊所有50萬的土地也都會被更多的建商搶購來繼續推案。反之若最當初的售價卻不被認同買單，那這區域要發展的速度就會很慢，行情要站上水位也還有得等。

要知道：

你認為不能買的產品，不代表別人不會買。

你認為難負擔的價錢，不代表別人買不
起。

你在東嫌西挑的房子，不代表別人不喜
歡。

你對市場的疑神疑鬼，不代表別人都如
此。

你所想的，你所感覺的，你所認為的，請
記得，你並不代表整個市場，更無法決定
整個環境，因為你我都只是這大環境中渺
小的那一粟而已。

【當買方認為自己最大時，他就開始輸了。當賣方認為自己可以掌控景氣時，他也開始輸了。尊
重市場，市場才會尊重你，正確的判斷在於客觀，所有的主觀都將注定自己會失敗，尤其在購屋
這件事上面，出錢的並不是老大也永遠不可能成為老大。】

年輕人
對通膨無感

|#市場分享|歷史足跡|

通貨膨脹，是一個經濟名詞，但真正能體會的，往往都是那些經歷過以往消費時代的前輩才有深刻印象與感覺，尚未親身處在那種環境中，是很難有共鳴的。

再者是立場的問題，通膨對於資方而言，在生產與服務上是個龐大的成本壓力，若非是有曾經做過生意的人，那種感受又是不一樣的程度，對一般勞方來說，就是生活所需開銷與日常周遭一切的支出增加很多罷了。

現今尚未30歲的年輕人，講實在能理解這件事的人不多。

收入有限，消費卻可以無限，無論有多期待可以增加薪水，沒有正確的理財觀念與自律儲蓄，要買房是很難的。

將那些無法負擔房價的理由怪罪在薪資上，是無理的。

將自己自備款存不足的藉口怪罪在房市上，是無解的。

前者歷史進程可以告訴我們，薪資水準差不多就是如此。

後者通膨事實可以告訴我們，房子與開銷一樣跟著上漲。

為何現在普遍覺得收入很少且不滿，有絕大的因素在於日常所必須要支出的一切都比以前貴上不少，食衣住行育樂到基本能源，與過去的消費水平差異非常大，這樣的個人經濟空間壓縮並沒有隨著時間停止，反而是越來越嚴重。

通貨膨脹是一個很恐怖的事，經濟是由時間與金錢價值組合起來的複雜理論，同時彼此關係緊密連結著也相扣循環下去，當原物料的上游不斷在提升基本價格，影響下來的產品結論最後就是得被我們的生存與生活需求來吸收掉。

然而房價的構築理論也有很大部分是受此牽連，過去的建築造價與現今差距至少三成以上，加上現況人事相關的技術人員成本又比以前更高，若要使房價下降那除了非常誇張的偷工減料之外，就沒有其他任何辦法可以壓制住了。

抗通膨最有效的方式，就是選擇一個會隨通膨比例上漲且保值的產品來將資金轉移，不動產的特性就非常符合，因為建築物是最大總價的民生必需品，也是占據所有基礎原物料比例最高的集合體，同時受

到金融機構的擔保，所以在個人資產配比裡將會被通膨吃掉的現金轉換成房地產，就是目前近十年最理想的置產方式，同時可以無視通膨。

金錢是一個數字遊戲，每個人能獲取到的有限，如何將這些計算機都能壓出的固定結論放大，是每一個人的理想。

我們的家庭，我們的生活，我們處在這世上的幾乎每分每秒，都需要錢，也都需要花費，即便你沒有特別的不良習慣與浪費，那些辛苦工作而賺來的，都隨著時間在貶值。

自備款不夠，代表你不想存錢、或者不懂存錢、或者不願存錢，生活越難過，人人都想把日子過滿一點。似乎儲蓄這件事對許多年輕人來說是不具意義的做法，所以當你突然有購屋買房的考量時，才會發現自己的積蓄相當不足。

正視那些自己所不在乎的事實，因為你浪費了許多時間。積少成多、聚沙成塔的觀念好似在新世代的想法裡成了一種愚蠢，反正最後在把這種種的一切怪在公司與老闆對薪水的苛刻，再不然就怪在都是建商投資客把房價炒太高。

想想思考一下，以前房貸利息很高，現在利息走低，過去買房自備成數很高，現在越來越低，如果你連最基本的自備資金都沒有也無概念，那跟房子價格的高底根本沒有關係，難不成你以為只要準備個十來萬就可以買間房了嗎？

有儲蓄能力的人，才有資格嫌房價高。

有理財觀念的人，才有資格嫌房子貴。

反之現在普遍在抱怨的人們，有很高的比例都是因為買不起而東嫌西挑，以為崩盤後的房市就能滿足自己的預算，還是期待政府能將基本薪資不斷調高你就可以負擔了嗎？

如果沒有正確的心理素質與對自我人生未來積極的態度，即便讓你處在30年前的時代，你還是買不起，即使讓你回到錢淹腳目的過去，你還是錢不夠，因為這就是你，因為每個時代都有著必須要煎熬的過程，但你無法適應每段時間下的現實環境，所以不停埋怨，所以不斷享受小確幸。

【我們都在努力著工作，努力著讓自己的人生與未來或家人們可以過得更好，每一個人，都是這樣在走著。但如果你選擇先甘後苦，成為月光族，甘於就這樣做一個嘴上有毛手上卻沒錢而不斷在浪費時間的年輕人，那麼十年後，你將會重新檢視過去自己的想法才是真正的愚昧與任性。】

疫情
與房市

| #市場分享｜影響有限｜

武漢疫情，讓人們害怕與恐慌，深怕是否會有如17年前的SARS般帶來許多在經濟與房市上的負面影響，也擔心會不會再次發生相同的歷史。

在當時，的確疫情的影響令房價有感降價，基本上在當時選擇進場購屋的人都撿到了大便宜，甚至看準不動產特性而大舉布局在黃金區域接刀的投資客，數年內資產也都在房市回穩時呈倍數成長。

但如今時空背景都與過去不同，現在如果期待疫情要對房市有打擊的影響力，那必定是非常嚴重的社會問題，而不只是資訊上的認知恐懼。

在邏輯上，可以這樣思考，目前的台灣有下述反應嗎：

1.有因為疫情令人民生活困難嗎？

2.有因疫情各大公家單位休息嗎？

3.有因疫情金融機關無法營運嗎？

4.有因為疫情令每個公司關門嗎？

5.有因疫情讓人人都足不出戶嗎？

6.有因疫情讓民生必需品通膨嗎？

7.有因疫情學生學校停班停課嗎？

8.有因疫情基本飲食產生問題嗎？

9.有因疫情擴大成為國安狀況嗎？

可能有些人認為，哪會這麼嚴重，但如果沒有發展成對經濟金流有巨大的阻礙或影響，那不動產又怎會被打擊到？

難不成只因為資訊或媒體上不斷地撥放相關訊息，就足以產生對房市降價的效果嗎？還是你只期待這類型的負面事件對你我生活不會有太多的影響就可以讓房價下跌？

人性是自私的，而無知更會加劇自私效應上的放大。

透過事實與人們周遭所正發生的現況可以觀察到，其實這次武漢肺炎對台灣的影響相當有限，也可以經過現在進步發達又快速的資訊，相信也都不難可以加減知道目前疫情爆發後兩岸人民百姓所過的日常生活落差是很大的。

疫區封了城已經對基本民生上產生莫大的困擾與不方便，無論是基本物資的通膨漲價或是大家都在搶囤有限的資源，在你還只介意到底買不買得到口罩的憂慮時，對

面的人已經是連吃飯都成了問題，兩個國家兩樣情。如果問的是大陸會否因此產生房市景氣上的衝擊，答案是肯定的，但若問的是我們也會有同等影響嗎，答案是否定的。

你希望房價因此下跌的話，但看看：

我們還是很高興的正常開工迎新年。

我們還是無懼人們的相聚春酒晚宴。

我們還是快樂的全家出遊到處走春。

我們還是不太在意旁人有否戴口罩。

我們還是過著與正常無差異的生活。

我們也並無因此拒絕人與人的接觸。

既然我們現在所過的日常都沒因疫有太多的變化，那又為何可斷定這足以對經濟產生絕對性的刺激或打擊呢？

回顧當時SARS，在921發生後三年，整個中部幾乎因地震癱瘓了人們的生活，還有許多重建工作正在進行中，在疫情發生時的房市還在震災之後的整理恢復期中，那被腰斬過的房價在逐步復甦中卻再次受到雪上加霜的考驗。

加上這將近20年前後的時代背景，如今在人們之間資訊傳遞的速度跟從前的落差非常巨大，防疫與即時性的應變與防範，在這點上面是相當關鍵的影響要素，現在即使沒有太多危機意識也能夠從智慧手機上得知一切來預防，病毒的擴散也會在第一時間因全民快速的反應得到抑制。

總結而論：

當時因地震重建中的不動產景氣條件與現在是絕對落差。

當時因資訊科技並無現代來的迅速在防疫程度上有落差。

當時因疫情所帶來的普遍基本民生狀況與現況也有落差。

所以那時房市受到了影響，打擊到不少的房價與銷量。

所以現在房市不會受影響，也很難牽制到房價與銷量。

剛性需求，是很強大的支撐力，如今自住的占比高達7成以上，除非有其他的理由讓這些人完全無法買房，不願買房，或不能買房，否則買盤的力量還是持續偏正面樂觀的方向在發展。而在可以受到控制與

保護的經濟條件下，不動產是火車頭也是
最後的防線，與股票市場是完全不同的特
質與結構。股市崩盤房市不見得跟著跌，
房市崩盤股市也不一定跟著掉，紮實的需
求力道是房價緩漲的理由。

【市場無法只因個人的主觀認知就會有所變化，行情也沒有那種可以百分百就能夠被預知的，然
而不動產的特質是即使短期受到波動震盪，但長期結論無一不是增值的，今天你不缺錢，今天你
不因恐慌而脫手，基本上時間都不斷地在證明持有到最後的人永遠都是贏家。】

三代同鄰

| #市場分享 | 隔代生活 |

傳統上，三代同堂意味著家庭的完善和諧與幸福的象徵，下一代認為就近照顧年邁的父母，上一代覺得與孩子住在一起是種福氣，這個概念，在近年已經慢慢式微。

幾個常見原因：

1. 房價越趨高漲，要想買可容納多人口住的房型壓力太大。
2. 多數三代同堂會以透天為主流，但打掃與爬梯問題難解。
3. 時代的改變與進步產生的隔代觀念疏離難相處易有摩擦。
4. 婆媳或隱私等等的生活小情緒時常會產生彼此間的壓力。

現在流行小宅當道，除了滿足首購需求之外，三代同鄰也成了市場趨勢，甚至家族中兄弟姐妹等等親戚之類的各自家庭都買在同一個社區，這樣也有著下述這些好處：

1. 就近彼此好照應，大樓公設也可滿足不同年齡層的需求。
2. 各自家庭不受彼此生活習慣或觀念上的不同而受到干擾。
3. 隱私很好，無論上下哪一代都可以過著自己想過的生活。
4. 將大房改小房，自己負責自家的打掃區域，不用太辛苦。
5. 免除掉要爬樓梯等比較對健康或體力負擔比較大的活動。
6. 房價可以得到相當大的稀釋，甚至可以彼此協助購屋金。
7. 只要改些觀念就可保有三代同堂的優點卻少去那些缺點。
8. 若中生代因應工作外出等等需要父母照顧孫子也很方便。

在以前，要說服家人捨棄舊有的傳統想法來改變行動是很困難的，但如今，確有越來越多是這些年紀漸長的爸媽主動積極想與孩子住同個社區就好的狀況，甚至也開始有那種不想與下一代住在一起的想法出現，其實小宅需求一直都存在於每個年齡層的考量，不見得僅針對首購，在時代的推擠下，不動產市場年年都在變化與從前不同的動態。

透天，是許多長輩最認同的房子，覺得大樓小，大樓不好，大樓不划算，多半也因為他們沒住過，加上有土斯有財才是價值

所在的概念與大樓都是持分的權狀感覺不好。

但對成本而論，要建構一個平價透天的要件關鍵在土地上，如果地價太高，建商只能靠大樓產品來稀釋掉才可推出符合行情的售價，這也成為現在很尷尬的市場分歧點。

買得起的透天，地點很差。

地段好的透天，總價太高。

尤以機能好與坪數規劃等等要夠好用甚至有電梯的透天，那幾乎都是可以買豪宅社區的價格區間帶，若還要奢求有前庭大後院的獨棟或雙拼別墅，那非一般人能夠負擔的。

所以為何中南部的偏鄉地區都以透天規劃為主，一方面是市場接受度，另一方面是

透天好賣，再來是土地成本低。

高密度的人口區或發展潛力高的地方，透天是稀有產品。

十年前，三代同堂不難，因為當時的透天價錢與今天小三房的大樓建案是差不多的，人們漸漸也會隨著時間適應與認同它，只好改變自己的需求想法來重新選擇購屋方向。

十年後，三代同堂太難，但許多新建案都有不少的小宅可以選擇，無論是兩戶在隔壁的兩房也好，還是在同層的兩房三房也罷，又或是在同棟不同層的三房各一間也行，彼此這樣住在很近的感覺其實也很好，至少比同個區段屬性地點的透天便宜非常多，現實也逐漸在改變陳舊與固執。

【一間大房子的需求可以拆成兩到三間的小宅，這是質跟量的轉換過程。也許以前計算不動產總量的概念在未來會更加不適用，別讓過去限制住了自己的想像與框架，爾後在普遍家庭的購屋需求上面，肯定會有與現今不同的新變化。小宅趨勢，小宅當道，坪效宅依然還是目前市場最有力道的產品。】

潛銷迷思

|#市場分享|操作與沙盤|

潛銷，指的是在開案前的預約買盤，基本上這是一個在景氣樂觀、買氣熱絡的時候才會奏效的銷售策略，當然每個建商、代銷、賣方與區域市場都會有各自不同的潛銷模式，而消費者，也僅能隨著遊戲規則來配合。

買方熱衷於這樣方式來購屋的理由為何？

1.要買得比其他人還快。

2.要有戶別優先選擇權。

3.想要搶先挑選好車位。

4.要搶首波最早的價格。

5.有著快進快出的打算。

當市場供過於求的時候，潛銷是則笑話。

當市場供不應求的時候，潛銷是個神話。

顧名思義，尚未浮上檯面即可買賣的銷售手法，稱為潛銷，也可稱做案前預購，開賣前的早鳥預約，術語很多種，但意義都是相同的，賣方設計讓消費者有機會在建案正式開賣之前就可以決定自己所喜好的標的，同時也能提前了解與看到關於個案所有的細節資料資訊。

當然不是甚麼案子都能做潛銷，通常要使用此模式，預售屋是最適當的，同時無論是在品牌、地段、或產品力上，都要具有指標性的條件，如果沒有讓人們搶購的慾望，這反會成了是個覆舟與對個案不利的行銷思維。

要使潛銷成功的關鍵，是炒作與操盤的能力，要能將聲勢做大，要能提早布局於市場對其關注的程度，要很熱鬧，要很有盤算性的引導力，但若產品本身上不具備這些可以被操作的彈性，則會變成是個貽笑大方的焦點。話題是需要被塑造的，搶手熱度也是需要被包裝的。

很多人會以為，買預售會比未來成屋還便宜。

許多人會感覺，買潛銷會比正式開案還便宜。

這些都是錯誤的觀念與認知，大部分市場上所有先買最便宜的行銷都是話術，大部分你所聽到早鳥優惠是最具有價格競爭力的也都是數字遊戲，試著思考一下：

如果你是建商，潛銷反應大捷，無論是排隊也好，熱賣也罷，在還沒正式公開前就得到超乎預期的成績，你是否也一樣會馬上調漲？更別論那些本來就會有隨著銷售

成數就會漲價的建設公司，所以事實邏輯是這樣的：

房市熱，所以設計潛銷策略，大部分的結論都會很樂觀。

不管是業主臨時上調均價，還是到達到漲價門檻都會造成建案正式公開後才來買的消費者都會有變貴的觀感，所以並非預售或潛銷比較便宜，是首波價錢都是以原設定的均價來銷售，而反應熱烈或業績達成造成原價格往上調，才令市場產生了這樣的錯覺，不是下修是上行。

例如原本設定20萬的平均售價：

消費者以為提前進場能取得19萬的價錢，其實不然。而是極短的時間熱賣，業主馬上調成21萬或者達到既定成數而漲到21萬，所以你之後想再買也得不到原先所制定的20萬均價，以致大家覺得有早買比較便宜的感覺。

一個建案的銷售期，多半早進場購屋的買方都會占到便宜，即便沒有調價的制度，最少你比後來者多了許多的戶別與車位的挑選權，再把這個原理提早到案前預購，你也就擁有更多的選擇資格，所以是否為

指標建案很重要，因為需求的人多了，提早卡位的價值性就更高。

普遍在市場上發生的實際案例：

1. 好品牌只要準備推案，都會事先被買方討論而蠢蠢欲動，想盡方法要找各種管道能及早預訂，到最後產生了排隊與搶購的效應，沒買到的人只好等待下一個建案，有入手的自然也間接成生了有轉賣價差的空間。

2. 好地段同上，若在地點與品牌同時並列為市場所高度期待的標的，潛銷的效果會更為瘋狂，甚至無視高於行情的定價，更多的是自己買了甚麼也不知道，因為根本沒有時間讓你考慮要挑選甚麼格局戶別與樓層。

3. 倘若無品牌效應但產品力配上好的基地位置，也能有著不俗的預購魅力，因為好的品牌幾乎都有著過高於行情的單價，而缺乏品牌力的產品反而提供了更廣泛的市場客群接受度，因為售價上在市場更有競爭力。

我們都得要練習對房市有正確的態度與客觀的角度來看待，不動產任何發展或狀

況，都有因果關係，也都有其中的邏輯，
不會憑空發生，也不會好運降臨，更不會
無中生有，當那種誇張的新聞或現象發
生，也許你不敢相信也不想認同，但那卻
是市場所決定的結論。

如果時機與房市環境不好，誰跟你排隊。

如果買方熱度與需求不足，誰跟你預購。

如果是空頭與悲觀的氛圍，誰跟你搶市。

【潛銷是種景氣循環下的效應，它只會存在於短暫的熱鬧週期之下，所以當此模式被不斷的複製
再模仿，賣方的供給量也同時會被快速消化，直到滿足一定程度的年需求量，如此銷況就會轉為
趨緩。但這會持續多久，沒有一個人可以說得準，也無法準確預測。值得參考的是，現在許多搶
潛銷進場的消費者，有很大的比例都是自住用途非投資客，這也正代表房市要看空，還有一大斷
距。】

預售屋
是賣什麼價

坊間傳聞，預售屋是賣未來的價？

買方自解，預售屋賣的是成屋價？

有的人認為預售屋越早買好似越便宜。

有的人認為預售屋無論怎樣都是買貴。

不動產，是時間與價錢的競賽，售價與行情是市場決定的結果，換言之預售屋該賣多少錢，取決於兩個最關鍵的原因，這也是普遍買方不得其解的理由。

其一來自土地成本：

1. 建商也可視為地主，透過養地賺取土地價差。

2. 建商也可參與徵收重劃來取得大量低價土地。

3. 建商與原地主合建分售來分享整體建設利潤。

4. 土地取得後馬上在一年內就推案的成本很高。

其二來自市場環境：

1. 當時房市行情的平均售價是主要參考基準值。

2. 假若景氣樂觀調價速度與銷量速率會成正比。

3. 如果景氣悲觀定價就會比較親民且有感

凍漲。

於此可知，預售屋的售價，並非如傳聞所言是完全賣未來的價錢，它是經過賣方合理化的投報評估以及現況市場接受度來判定的，即便是品牌建商或高單價產品，也幾乎會以這樣的原則來做定義，畢竟不會有建設公司會去賣那種根本沒人買單的價格，生意人也不可能會做過高的風險與吃虧的買賣，所以預售只是一種模式。

換言之，普遍買方認為建商是為了要賣貴一點才推預售屋，其實不然，預售只是一種銷售策略，更是賣方運用槓桿最有效率的方式，當然大部分的狀況是如果預售賣得很好的話業主都會隨即漲價來增加營利，但那也是市場買方所決定的，畢竟漲後的價錢要有人吸收才算成立行情，所以事實往往會跟消費者的想像有落差。

不動產的定價邏輯原則：

土地貴，房子不可能便宜。

景氣好，房子不可能便宜。

房市熱絡會帶動地價急漲。

房市不佳會讓土地價凍漲。

所以在市場第一線的單位如代銷公司，就

會相當有感每一年所承銷的建案，幾乎沒有是比前一年售價還低的，即使是市況不樂觀的環境，頂多也是持平，要遇到那種低於行情的價格基本上都是問題很多的產品。

事實舉例：

假設今年購置每坪50萬的土地，以合理報酬計算在一年內推出預售屋售價需30萬一坪。

假設今年購置每坪50萬的土地，放養5年後推預售案，但此地已增值到70萬一坪，屆時房屋售價會以38萬一坪計價，同時如果景氣環境大好，則會以40萬一坪計價，但若市況不理想，則會繼續閒置土地。

假設今年購置每坪50萬的土地，而剛好又是房市需求巨量的時機，市場供給量快速被消化，又需要更多的土地庫存，此時這筆原價50萬的土地行情會在短時間高速推升至60萬的價格，於此若有更多土地釋出且被建商收購推案，那些建案的售價就會更高貴。

所以預售屋並不存在以未來售價來定義的理由，一切都是由市場買氣與消費者決定。

房子賣得快，建案階段性調價，同時土地供不應求導致地價成本急漲，新購土地推案基準售價行情上升，原售建案也跟隨來不及生產的供給量將售價往上加。倘若房市狀況不好，保守的作法就會讓市場所有的價格凍漲，賣方會共體時艱撐住供過於求的階段。

【預售屋的價錢都是以當時的土地與營造成本去計算售價，即便是長期持有的低成本土地也不例外，要期待賣方有親民的房屋售價，那幾乎是不可能也是不實際的事。假若自己都有感房市的熱絡，就更別想說新推的預售建案會便宜，當然這並非是未來的行情，而是現下市況的一切所造就的事實。】

行情的
成立

│ #市場分享 │ 先有需求才有供給 │

往往消費者都會認為房市的價格與行情，是被賣方所操控與炒作，其實撇開房市的框架，這個邏輯思維是相當錯誤的，無論商品是甚麼，都有屬於它們的市場，而行情，卻並非單向由賣方所制定，他們也無法聯合統一壟斷或共同掌控整個區域的價格。

那麼行情是如何成立的呢？

首先來討論供給與需求，當一個產品被創造出來，又或者是一個新興產業被發展成功，它的基礎是被認為有這樣的需求，也因此才有被開發的因果，爾後漸漸地被大量認同，才會成立該商品的市場定位，因為它被買方所依賴或是有其必要存在的價值。

價格亦同，即使有著被製造出來的既定生產成本，但售價卻有很大的因素是被買方所牽動著，以下為事實的案例。

如果時機大好：

合理售價20萬，賣方欲售22萬，若買方搶購，行情成立。

區域行情20萬，某案創高25萬，若買方承購，高點成立。

如果景氣普普：

合理售價20萬，賣方欲售22萬，若銷況不順，行情未到。

區域行情20萬，某案欲賣25萬，若市場反彈，高點還遠。

如果時機不佳：

合理售價20萬，賣方欲售20萬，若銷售困難，行情泥沼。

區域行情20萬，要高於此挑戰，是逆天而行，難以上看。

為何景氣差時，買方此類的聲音就變少了呢？因為連基本的看屋慾望都沒有，即便有購屋需求也都會受環境衝擊信心而卻步與觀望，所以在這段過程中，不會有賣方願意挑戰新價錢。

所以在銷售的市場之中，消費者才握有售價行情的主導權，無論是自住剛性需求也好，還是在熱絡氣氛中的投資客也罷，基本上先有買，才會有賣，不管在甚麼階段的價格，總是都有買方吸收與承接，或大量的進場意願與非常高度的購屋衝動甚至排隊搶購搶市搶房，才會產生當下許多人無法接受又不得不買單的行情。

買方市場：指的是買方購屋信心低迷且無量。

賣方市場：指的是買方太多供不應求且爆量。

上述時常聽到的兩句代表房市消費環境的術語，卻不是先因「賣方」兩字帶動，全是根據「買方」的行為來產生事實狀況，所以無論是不斷創新高的區域價錢，或者是行情地板價格的快速推升，都是因其消費結論而演化出來的自然結論。買方僅能配合將預算提高才有辦法買到房子，說白了其實沒人買又何來的定價呢。

買方市場：你不賣，有人會賣。

賣方市場：你不買，有人會買。

市場就像是拔河，一個買與賣的拉鋸，也是雙邊量能的抗衡，當量大過於某一方的價錢時，就會上漲或下跌。因為買壓太大，一段週期的推案量與供給無法滿足當時期的需求程度易漲。或是賣壓太大，一段週期的供給戶遠大過於需求人口易跌。而不動產有別於一般商品的差別在於，賣壓大的時候價格不會即時配合市場氛圍反應，主要是高額的成本與金融單位所抵押注入的數字令其很難殺頭或賠本，但反之買氣熱絡時的房市價錢卻會以極快的速度膨脹。

於此如果你還是在怪罪於房價都鎖在賣方手上，就很難可以買到房子，因為你忽略了市場的邏輯與原委。景氣不會一直好下去，但也不會一直停滯不前。時機差的時候也許你可以撿到便宜，時機好的時候可能你買貴了，但這都不該是你卻步的理由，因為人事時地物都不同，剛好身在甚麼時機點有購屋需求是種緣分，要等房價跌的機率永遠都比漲來的低。換言之如果將這件事轉換成是籌碼與賭注時，壓漲的勝率在台灣不動產歷史中永遠比跌來得高。

千萬不要跟環境對賭，也千萬別跟買氣對賭。

【買不買房是種需求，也許你會因為經濟收入高時選擇吃好一點的餐廳，但卻不會因為景氣差時不吃飯。不要因噎廢食，不要因反對而反對，不要因對其事實的埋怨與不滿而放棄需求，更不要為自己找不是藉口的理由來扭曲經濟與市場的結構。因為你不會因此得利或得惠，更不會因此讓人生順利，除非，你非常有錢。除非，你有取之不盡的經濟資源，不然就別騙自己了。】

疫情
與房價

| #市場分享 | 恐慌 |

現在的經濟，很難預測，也不太需要去預測，當人們都往同一個方向思維的時候，事實往往都會反向發生，尤以在不動產的世界中，消費者都會有不切實際的期待，也對其不夠了解而無法客觀看待它。

無論是何種大規模的黑天鵝事件，恐慌都會在短期內對各項經濟造成不小的打擊，但都會在事情維穩後快速回復正常，主要的原因在於每項商品本就有它既定的成本，在市場還在恐懼的時候會產生買方的急速量縮，可這並不代表商品的價值因此縮水。不動產更是如此，即使疫情使得整體房市出現冷凍的局面，也許會有賣壓產生的讓利空間，可建築與土地的成本還是掛在那邊，除非建商被迫有套現的壓力需要賠售，不然這種期待與預判，基本上不太會在台灣的房市出現。

疫情所帶來的各種連鎖負面效應，會影響到相關行業與間接的經濟萎縮導致購屋與還款壓力遽增，有不少人因此判定會造成斷頭賣壓或建商與投資客讓價出清變現，所以房價必跌。幾個架構來看待現實市況如何，對於未來所發生的事想要做預判還

是得需要客觀的數據。

1. 近年並非房產大多頭的熱市，投資客經過了103年房地合一後的教訓已充分收斂很多，在槓桿的運用與財務規劃都相當保守穩健。賣方也不敢過於貪婪的泡沫式定價也強化避免過於投機化的交易模式，即便有類似的經濟衝擊，斷頭率也相當低。

2. 年後至今，某些城市的來客量沒有太大的落差，但普遍有接近三成的縮水，可成交率上升。換言之，只要敢出來看房子的人基本上成交的機會與購買意願都相當高，剛需強勁。

3. 土地成本依然上行，近期各地成交的價格也不斷創新高，在地價高居不下的市況中要想房價下修難度太大。

4. 營造成本局部因配合防疫政策，導致某些進口原料及人力成本提高，必須馬上要找出替代方案來共體時艱。

5. 建商代銷沒有因為疫情或現況縮減廣告預算與停止或延遲推案，並且普遍樂觀看待後市，對市場持有信心。

6. 數位媒體及廣告數據反應年後至今尚無

因為疫情擴大有消退的狀況，表示市場購屋買房意願大於悲觀擔心。

7. 近期指標建案預購或剛開賣的熱度不減，排隊看屋的依然存在，投資置產動機財務健康的還是在大量掃貨。

8. 因疫情恐慌與擴大不斷讓各種理財工具下跌，加上聯外航客運紛紛封閉，內需市場則成為了經濟金流的主力，游資回歸本土。這些原本投資在非房地產的資金也因受到衝擊後換回現金，而近期也不少買賣是這些游資轉流入不動產成為避險用途。

目前要斷言房市會下跌還太早，沒有太多不利於後市的理由跟線索，這也代表目前台灣不動產還在消化累積了好幾年的剛性需求與自住客。無論是在量與價上都還算很穩定，也許這種大型負面議題可以讓人們期待那些不想去認同的價錢，但追根究底起來，不管是何種因素，房市大跌其實對大家都不是好事。

若是全球的疫情狀況再更嚴峻，慢慢地將人們的基本生活與工作帶來極大的困擾或恐懼，那種時刻的確會產生短暫恐慌性的

拋售潮，但這機率是非常低的。政府與人民也會阻止讓事情發展到那種程度。即便真的發生了，維穩理智後的市況也將很快回復到原狀，許多人很想知道，究竟為什麼房價易漲難跌，買房好難，似乎沒有什麼大事可以動搖這些房子的基礎價格，不買還是漲。

因為利息太低了，不跟銀行借錢的是笨蛋。

因為利率太低了，不用銀行來儲蓄是傻子。

因為成本太高了，土地不降價房子難跌價。

因為造價一直漲，營造成本沒降房價難掉。

利息拉出了槓桿來支撐成本，無論買或賣方都一樣，沒有不跟銀行借錢的建商，也沒有不跟銀行房貸的買方。想要房價下修，先問問銀行同不同意吧，因為他們是支撐房市的鐵三角之一，也是承擔房價抵押價值與最大金額跟最大單位的立場方。只要你的錢還願意存在銀行的那一天，房市基本都還算穩定，在沒有擠兌與嚴重的

金融危機之下，不動產都是打鐵的資產，
即使脫鉤已久股市崩盤，也不至於動搖到
房產價值。

【房價是漲是跌都是有原因與根據的，不是你對行情的不滿它就會降價，也不是因為某件事它就
一定會掉價。反之上漲也是一樣，面對不動產的特質與市場應該選擇客觀正面的態度去理解它，
就算房價貴到你難以負擔或下手，就算你完全不想去認同現在的行情，它也不會因此而停止運
轉，但你可能因此損失許多時間代價。】

降息的
影響

利息，是在金流與經濟中很重要的循環關鍵，同時也是一把雙面刃，自早期那種高額的利率，令從前欲購屋者根本沒有辦法跟銀行借錢，同時也能控制貨幣的價值，因為市面上流通的鈔票少，就能維持物價與民生間的平衡。

然而面臨泡沫式經濟時代，全球都在量化寬鬆大降利息，為求刺激鼓勵更多的企業、民間在消費與各種金流中多跟銀行借錢，同時也稱為大量印鈔票的世界，於此不但會降低幣值，也無形間產生了通貨膨脹，而房價也是。

近期因應疫情對全世界經濟的衝擊，每個國家都在想辦法紓困救濟希望藉此可以降低傷害與風險，而台灣也跟進宣布尚未拍板的政策，最重要的無非是加碼大降貸款利率，這對不動產而言不但是帖猛藥，更會加重買氣氛圍。

降息的意義：

1. 定存收入變少：希望人人都把資金流通在市面上。

2. 房貸壓力降低：減低每個人在購屋上的繳款壓力。

3. 企業經營紓困：降低各公司在營運周轉上的壓力。

4. 消費貸款減壓：減輕消費上或負債比的還款壓力。

這是雙向的受惠，以不動產而言，已購屋者的房貸繳款金額降低，欲購屋者的買房信心大增，投資者的槓桿降低與投報率提升，建設與賣方的經營壓力減輕甚至可以擴大布局或推案規模，無論哪一面在短期上都是正面幫助。

為何降息會被稱為房市春藥，因為此政策產生的熱錢更容易令市場願意且積極的入手不動產，同儕效應也好、消費者氛圍也罷，此舉可以大幅度的推升購屋衝動，普遍認為打鐵要趁熱，買房要趕緊，搶個未漲的行情來卡位。

市面上流通的錢越多越快，則房產價值就會提高，因為幣值貶了，能買的東西更少了，成本也墊高了。於此通貨膨脹產生，未必會泡沫化，但在類似的金融紓困中的歷史經驗，房價實在很難下修，購屋越輕鬆，相對資本投報率就越大，於此循環之下的商品價格更沒有往下走的理由與基

礎。

降息對於不動產的實質意義：

自住客：每月負擔的金額少了，意味著可以變相提升貸款總額預算。

投資客：深知經濟的原理效應，知道這樣會推擠房價的膨脹與滾動。

出租客：給銀行的少了，租金收益不變，被動收入的投報利潤增加。

建設方：土建融資或大額貸款的利息省去，可以更有信心擴大案量。

自住客的借款總額提升，等同房價可以買得更高。

投資客的增值機會增加，等同價差可以拉得更高。

出租客的投報概率提升，等同標的可以布得更廣。

建設方的周轉風險降低，等同利潤可以設得更多。

錢是會生錢的，怎麼個生法的差別而已，放在銀行的確很保本，但利息不斷的下降，那種收益已經快讓一般人無感，不如把它提出來放在更有效率的地方。

把錢拿來買房子，低利可以增加還款也等同儲蓄的速度。

把錢來投在房，低利可以刺激大量買方產生供不應求。

把錢拿來做出租，低利可以加大房東們的被動收益效果。

把錢拿來蓋房子，低利可以加快建商方推案的利潤回收。

當然這件事並非都完全沒有副作用，任何金融的政策，不管是救急或長期布防，都有它利與弊的那一面。而利息降低帶來最大的風險則是快速泡沫的通膨、無法控制的供需失衡、房產價值膨脹的太過迅速、投資投機等行為的氾濫，物極必反則會產生可能難以收尾的結果，所以這次的政策也提出了相應的配套措施來做消費族群客層上的分類與區隔當風險壁壘。

貸款一千萬以上的降1碼。

貸款一千萬以下的降2碼。

很明顯是刺激首次購屋族群的買房意願，意圖讓市場信心維穩，不要過度擔心疫情，同時已有屋者無論還差了多少貸款，也讓大家可以因此減輕繳款壓力。

經濟金流上的邏輯：

付的錢少了，可以借的錢多了，那麼消費
力度就會加大。

市場錢多了，需要還的錢少了，那麼投資
意願就會加大。

可以試想，如果跟銀行借錢完全不需要
付利息，請問你會否更勇於更想要借得
更多，是否會因此轉換到消費或投資意願
上，是否會想辦法利用此來賺價差。

可以試想，如果建商或企業跟金融單位借
的資金都完全零利率，會發生什事可想而
知。

【很多人疑惑著到底降息跟房市有何關係？商業與經濟一直都是環環相扣然後緊密相連著，一個
小波動所滾起來的漣漪效應足以撼動整個池子裡的水。原本起始的十塊錢，透過這樣生生不息對
彼此有利的作用到最後可能會滾動到數以萬倍的回饋或效益，這就是紓困的用意也是金流有趣的
地方。解決了一個人的金錢問題同時也是在解決跟此人資金來往有關的數百甚至數千人的經濟問
題，然後再不斷的擴散再擴散，就此產生景氣。】

開價
是甚麼

相信在許多人購屋最後階段最在意的就是：還能殺多少價？

買方不知道的是，會以很多不同的資訊來源，選擇一個自己想聽的話來當作殺價模式，有的是名嘴、有的是媒體、有的是親朋好友，也有的是從網路或知識類型與論壇等等得知，但其實你們對於這其中的業內手法理解程度並不高。

無論是代銷或建商，都會以底價來設定一個開價範圍，在早期資訊不對等的時代，賣方可以隻手遮天的來因應各種不同種類的買方客群，有的人爽快、有的人龜毛、有的人斤斤計較、有的人一毛不拔，所以銷售方就有機會從這過程中賺取所謂的溢價，這也是多數消費者吃過虧的地方。就是買得比其他鄰居還要貴或明顯價格高出許多，在建設方沒有調漲平均價位的時候，基本上都有某種程度的守價水位，那對於代銷而言就是多賺的。

而隨著時間與人們的經驗發展到現在，實價登錄的實施，預售屋實登的伏筆，都是為了要不動產市場交易透明化，不僅打擊有心人士的投機空間，也阻礙了在資訊速度上所產生的利益，又或是賣方可以操作的售價彈性，這無疑都是在為使買方消費爭議率降低，所以不二價也成了現況很廣泛的流行。

開價：每個區域、建商、文化、風格、習慣、操作方式、個案調性、代銷模式，都不一樣，沒有一併而論的事情，也沒有如消費者所想似乎每個建案都可以如法炮製，所以買方不需要去執著到底自己買了幾折，議了多少空間，還是花了多少時間在砍價錢，更不用去大動心機來玩一進一退的攻防戰。

開價與不二價，買方的思維邏輯應該是這樣：

資訊越公開，成交資料越透明，你應該要多做功課，在過去是連基本個案訊息都很難得手，想知道自己欲了解的建案，不跑一趟賣方現場是無法簡單輕易得知的，既然人人都可從網路上收集可了解區域的行情，又有甚麼價可殺呢？

資訊越模糊，成交資料越神祕，你無法透過任何方式來認識房價，一切不明朗也不清楚的時候，你就應該要大殺特殺，從對

方的反應來慢慢斡旋到最接近的底價。

市面上普遍常見的個案開價或價格折扣模式：

1.折數：

首次開價打幾折，欲購買再打底折。

2.折價：

首次每坪折多少，欲購買再折零頭。

3.公定：

開價全統一折扣多少就是成交價錢。

4.不議：

不折也不開價，一律全戶是不二價。

折數有95折、9折、85折、8折、78折、75折，但沒有7折以下。

折價有每坪5千、1萬、1萬5、2萬、2萬5等等，但沒有打折數。

有分初次看屋折扣後再議，都是留下最後締結空間所設。

沒有這分別就代表賣方無意願走這程序一律交易透明化。

也許有人會認為，買房子何來不二價的道理，無論你信不信，現況的時代與環境，也真的不適合再設定那些議價的模式了，浪費時間又不得市場好感，還不如直接點

還比較受歡迎。同時殺價多半也是買方不想認同那售價行情而有的心理狀態與行為動機，假使你對整個不動產有豐富的經驗與認知，相信屆時你也不需要殺價，因為市場的成本或行情水位你都瞭如指掌。

這個道理就跟一個常態在市場第一線上的賣方在買同業的房子是一樣意思，根本不會去花那個美國時間在與業務拉扯，因為他們深知甚麼產品甚麼區域甚麼品牌該賣甚麼價，也深知這個行業的訂價規則與邏輯，所以業內根本不看開價，也不會去在乎到底對方是用甚麼締結模式，看的從來都是底價。

不是說消費者不該殺價。

不是說買房子不用議價。

是說你該利用這透明的時代多做功課來成全自己。

是說你該更要花時間去了解市場行情與個案資訊。

不是無腦殺價就是便宜。

不是逃避現實就要議價。

是說你該在這麼公開交易訊息的時代盡快做決定。

是說你該在這麼保護買方機制的現代去相
信市場。

不要再對無意義的開價來混淆認知行情與
價錢。

不要再執著自己到底砍了多少折有無撿到
便宜。

你應該要有判斷是否無超所值與值超所
物，不是盲從媒體、不是誤信狗血言論、
不是隨意聽取沒有佐證過的資訊、不是只
去撿自己想聽或想看的的內容來做參考。

實價登錄，成交價有高有低，買方總是
看低不看高，認為高價都是假，低價才
是真。認為高價買方是笨蛋，然後你最聰
明，這是種極大的愚昧與無知，市場本就
有區間價位帶，買高也好、買低也罷，那
都是別人的事不關你的事。

【所有賣方都沒有統一的開價，因此看開價毫無意義，我們應該要學習的是要如何多認識不動產
與理解市場。我們應該要在乎的是自己需求購屋的本質與動機目的，不要想做個評論家還是名
嘴，也不要想著自己有多清高與神聖，人們充其量都只是一個想買房子的平凡人而已。預算足
夠，產品地段品牌可以接受，房子很喜歡，價錢合理，買就對了。其他都是多說的。】

店租不跌

| #市場分享 | 矛盾 |

實體店面的沒落，已經不是新聞了。無論是在精華蛋黃區，還是發展中的重劃區又或是二三線城市，這個趨勢似乎越來越明顯，店租的高額成本，店面的高額總價，店面貸款的高門檻還款利息，能撐起這樣開銷的生意，基本上都是些大型連鎖或高營業額的品牌才能吃得消，其他中小型規模的商家，考驗經營的難度比過去更為艱難許多。

有媒體認為、有名嘴主張、有素人討論，既然店面出租需求已經沒那麼高了，店租金降價勢在必行，因此會帶動不動產的空頭循環，而且如果財力薄弱的投資客，沒有出租收益想必會有現金週轉的高度壓力，只要貸款還不出來，就會被迫斷頭甚至賠錢出售導致崩價。

對店面房東而言，台灣普遍店鋪的現金投報率大約在2%上下，甚至更低，基本上開銷成本幾乎跟貸款利息打平，也無法說靠收租來維持正收入，除非降低貸款額度或完全不借錢，才會有可觀的租金收益。

至於為何人們都喜歡買店面置產呢？主要在於增值效應，假若住家平均都可隨時間上漲價錢，那麼店面價值成長的幅度與總值會更高。

店鋪即便長期沒人租，甚至區域完全沒有租客需求，房東也不會輕易降價求租，根本的原因在於划算值的問題，在邏輯上既然需要維持店面的價值行情，為何要捨大求小的把重點放在租金上呢？反正投報率怎樣都不高，何必要把它降到更低呢，這是沒意義的做法。對於財力吃緊的房東而言，寧願把店面賣掉變現，也不會降租，只要一個區域的店租行情下降到一個程度，就很有可能會影響到店面總價值。

然而在台灣的市場機制也就普遍有了一種默契，就是「寧缺勿濫」。

租不掉，如果我缺現金，就賣掉。

租不掉，如果我不缺錢，繼續放。

久而久之，就成了矛盾的市場狀況，空店面掛租的一堆，房租依然高高在上，似乎永遠都沒有租方說得算的情形來臨，似乎永遠都要看房東的臉色，似乎永遠都沒有跟房東談條件跟議價的空間與籌碼。

大部分的人對於店面的認知都比較表面，覺得那種東西就是要有做生意的店效價

值，假設沒有熱鬧的集市，就肯定要降價降租。事實不然，因為店面早已成為高門檻的投資工具與長期資產，普遍來說，做短期投機的人不會買店面，財力有限的人也不會買店面，單純想靠租金賺錢的人也不會買店面。真正會投資店面的人大部分都很有實力，且這些房東所擁有的資產背景或是收入能力都相當驚人，既然房東並不是依賴這些租金來生存，又為何一定要靠降價求租來維生呢？

市場是一個大海，要影響全面的行情或體質，必須發生的量要達到一定的程度才會推動這個漣漪。意思是局部所發生的例子，是無法足以構成影響整體或可以此代表市況，最簡單的舉例就是：一個凶宅所產生的低廉價格，無法做為房市行情的指標。同理，即便你發現某些店面租金降了，又或是某些標的降價求售，那都是特殊案例，可遇不可求。但有些人卻會因此刻意放大來當作不動產後市依據，這不僅是外行且更是無知沒有邏輯的主張，這種期待基本上不會成為事實。

店面在未來的租金效應上會隨著時代與科技的進步，往後實體店鋪的需求也會跟著越來越少，對生意商家而言，租金是個很高的開銷成本，假若無法有明確的降租利多來刺激區域繁榮，對於集市的發展就會是個阻礙，這也是矛盾的原因，降了租無法保有店面持有者的利益，卻也因此造就無法正向的經濟循環，就像是被堵住的血管。

合理化來說應該是如此：

有感降低租金門檻，吸引多類型商家進駐，創造熱鬧與便利。

消費人潮一多了，店面或住家的增值力道自然就會增加不少。

反之房東為求保值與持有的划算認知，不願屈就於租客要求，所以設限了租客做生意的門檻，當然也就成了玲瑯滿目的空家店鋪，這樣就難有足以帶動不動產價值的條件跟理由，成長就只能靠時間了。

店鋪租金成本約占營業額約20%以下，甚至有些商家不能高於10%，否則經營與周轉風險就會大增，相形利潤也會被成本壓縮吃掉。

所以不同的店鋪在租金每月20萬、10萬、

5萬、3萬，都會影響不同種類型商家的進駐意願，能遠視且暫時犧牲自己主張的房東並不多見，但若以長期持有資產的立場考量，讓社區能夠活絡進而拉抬資產身價，店面持有者的思維與態度是個很大的關鍵，因為人人都希望自家周邊機能要好、商家要多、生活要很方便，如此就能滾動需求。

【建商不該盲從於店面的利潤，在不該設計店鋪的地方就該省略，在店效不足的區域就該放棄此規劃。房東也不該執著於堅守租金水位，也許你不缺錢，但社區或整體的發展利多其實這些房東還是有點責任。現在就是建商貪得多，賣不掉或很難出售的店面還是一大堆，房東也事不關己，降租等同破壞資產價值，沒人願意讓利，長期循環下來，其實對不動產的發展而言，並不是件好事。】

出租好
還是轉售好

|＃市場解析｜務實答案｜

許多人對於自己的資產到了每個不同時空背景時總是都會有個疑問，是要把它賣掉賺價差好呢？還是繼續長期持有來收租金好呢？

有的人會認為過長的收租期會令老化的房子價值性變低。

有的人會認為趁房市熱期多頭價錢好時趕緊賺一波入袋。

有的人會認為兩者之間各有優劣難以決定要如何再配置。

首先依照台灣不動產歷史的結論來參酌一個大方向：

1. 不動產經過時間的總結永遠是穩賺不賠。

2. 會在不動產上吃虧的也永遠是缺錢的人。

3. 持有不動產時間越長期的人永遠是贏家。

承上述你應該要順應環境來做對自己最有利的決定：

1. 擁有的資產能持有多久就放多久。

2. 可以穩定收多久租金就出租多久。

3. 不要讓自己是因為缺錢而變現它。

如此你也就可以成為歷史洪流中因不動產致富的那分子，即便是個平凡不過的上班族，都能因為這些房產來改變自己未來的人生。

依照市場的角度來看待，每種產品都各自有不同的需求比例以及特性，也根據標的所在的地段位置或內容也都有不一樣的投資效益，無法以一概之，所以時時刻刻要了解市場的狀況是重要的功課。

在人們的購屋需求裡，三房兩衛是占據最大宗的房型，高達將近六成的消費者會在人生中至少買或賣過一次，也因其功能性最符合大眾的家庭結構，甚至可以居住堪用至少超過20年以上的時間，所以這是個最適合做價差的投資選擇，脫手性及增值率都算是市場之最。

中大坪數的四房或豪宅，雖然有它的稀有性，但也因為太過於特殊所以市場相當小眾，不僅建商銷售期長，當你想把它轉手的時候，也因為太高的單總價讓能夠接受的買方相當有限，再說了通常對此房型有需求的人比較會以新房子為首選，所以如果持有的是這種房型，能夠保值但增值機

率會非常吃景氣與時機，出租投報率更是難看。

小坪數的套房及近年相當盛行的兩房，會是最適合收租的產品，建設公司在推案前的規劃會隨當年的銷況來做調整，而在房地合一之後的建案有非常高的比例都以兩房為主。一是總價低刺激首購剛需，二是這種房型在這段期間相當好賣，但也因其空間過小，沒有適合一般家庭的功能，因此需求占總比不高，所以要有滿意的價差空間基本上不會比三房還來得理想，但做出租卻有非常不錯的投報率數字。

最後再以市場狀況來總結何種是最適合你的處置方式：

1. 如果你不缺錢且擁有的是套房兩房且地段不錯又收租穩定，那就繼續租下去，以超長期的時間來成長租金的總累收益，經過數十年時間你將會發現那是筆相當可觀的收入，並且在最後挑一個不錯的時機脫手，不僅賺了租金，還可以獲取遠高於持有成本房價的售價差。

2. 如果你不缺錢但持有的是需求率高甚至是搶手的三房物件，請慎選你要出場的時間點，因為你可能可以賺更多，在景氣循環的過程中，沒有人可以預測何時好或不好，但往往這都是在如九年磨一劍的等待，當那時刻還未到來時，請千萬不要輕易隨興賣掉這種房子，尤其是身處在重劃區內且已漸漸成熟明朗化的建案，要賺就要賺最大值。

3. 如果你因為個人因素或過度槓桿投資造成經濟上的巨大壓力甚至是手上物件都無法交屋貸款，那你的貪心將會吃掉利潤以及許多增值的機會，不動產非常不建議非房貸的以債養房或過於樂觀的投機心。

4. 如果你是在換屋階段上的中大坪數房型，就不用想太多，只要能平盤以上出售掉將資金從舊房轉移到你正要打算換其它的坪數或新建案就好，無太多如預期的價差或是賣得比較久都是很正常不過的事。

5. 如果你是對新發展的區域具有高度成長潛力的建案有信心與興趣，那麼你在舊與新之間的資金移轉就是為了要賺取每個社區最大值的增值率，畢竟屋齡過了

黃金期還是會吃掉些利潤，保有手上的物件都維持在某段具有最高價值的時間周期，是高效益滾資產雪球的技巧。

6.如果你的本業收入可以在每年源源不絕甚至擴大不動產的配置部位，那就把它當作是一個最有力的存錢儲蓄法，隨著通膨與時間過去，不動產會將你所存下的這些不斷地放大，出租也好增值也罷，直到退休老去的那天再回頭清算與運用這些房產來養老享受剩下的人生。

不動產的活用彈性大，不過前提是你手上需要有資產，為何有房者與無房者的財富會有很大的落差，因為前者只能靠薪資來當鍵盤俠且無時無刻都在沒有道理的等待崩盤，而後者卻隨著時光與人生的流逝可支配的資源越來越大越來越多。無論是將房產長期收租還是在景氣熱頭上的轉手再轉手來賺取價差，都比無房者還擁有更多的籌碼。

【活到老學到老，不動產是放到老賺到老，不是鼓勵炒房，不是支持多方立場，而是將這個市場的事實或是許多人不想去面對的真實表達出來，目的是將此分享給予更多的人知曉。為何你不斷在抱怨逐年攀高的房價可以受到剛需買方支撐，又為何有房產的人經濟與生活條件越來越理想。其實這些都只不過是順應這個環境的大眾選擇來順勢造福自己罷了，真的沒有那麼複雜，真正複雜的永遠都只有人性而已。】

關鍵
一問答

「甚麼房子詢問度最高？」

「已經被人買走的房子。」

市場之中，人性不斷充斥在買賣過程裡，買不到的東西永遠都是最稀有的，選不到的房子永遠都是自己晚來一步，最令人好奇的永遠是那挑不到的戶別。

大家都想要那個最搶手的，人人都想買那個買不到的，所以排隊與搶快搶新鮮也成了現代人的生活法則，似乎擁有或提早取得那個標的，就是種榮耀，也是種成就感，然而在不動產的世界裡，大部分的人都對此相當嚮往。

迷思：

1. 你眼前還有的房子總是覺得不夠好。
2. 考慮的戶別被買走就感覺非常不好。
3. 對於沒有自己喜歡的戶別深感懷疑。
4. 非要執著那些被買光的建案與戶別。
5. 不相信有人可以不經過考慮就決定。

購屋思考需要客觀，寧可信其有，不可信其無，因為房子是你的需求，不是口舌與鍵盤的勝負之戰，在有與沒有之間，應該要思考的是自己有買到跟沒買到的差別，不要一昧僅追求自認為最好的或最完美的條件，退而求其次也是種技巧。畢竟任何房子或任何你再喜愛的標的，都還是會有它的缺點。去過度在意那些真真假假虛虛實實是沒有意義的，因為你再怎麼樣不想認同它或賣方，你都永遠無法是當案或物件的掌控者或主事者，當然你在第一時間也永遠沒辦法知道或了解最真實的答案。

自己因為考慮的週期，到願意進一步議價時，結果被人買走了。相信這是許多購屋人都有過的經驗，甚至普遍會懷疑是賣方暗槓了下來或是故意要話術引導你要買別間。無論事實到底如何，不得不否認的是你自己放棄了這個機會，因為你要回去考慮、因為你要想清楚要猶豫期，你滿足了這個過程，當然也會存在無形的風險，當景氣越好時，這種事情的發生率就越高。請記得，你曾經擁有購買它的機會，是你自己放棄了它。

你喜歡的，自然也有人會喜歡。

你不愛的，不見得其他人不愛。

基本邏輯思考一下，賣方普遍不會那麼無聊來針對你需求鎖定來設計套路，可以讓買方直接能決定自己的目標，進而乾脆的

下訂買單，對業務與第一線來說是最輕鬆的。既然如此，又為何要大費周章的去提升銷售難度來刻意騙你說它已經賣掉了呢？所以那些一得知選不到自己喜愛的戶別而有所質疑的態度，是很多餘且是沒有意義的。就算賣方刻意銷控起來，你也是無法得知何時會開放不是嗎？就算某段時間點開出來了，價錢也必定與當初不同，至於買方跟你是否能再接受，就另當別論了。

一個地段中會有許多不同特質的建案，一個社區中也有許多不同特點的戶別。這個地點你不喜歡，你可以換別的，這戶你不愛，你也能看別的。這個建案賣完了，你可以找下一個，這些單位都賣光了，你也能挑其他間格局。為什麼一定要執著那些已經沒有的東西呢？何必要爭執那些被買光的訊息是真是假呢？又為何要探討那些已經沒有得賣的商品內容呢？這些應該對自己買房購屋應該是沒有任何一點的幫助與正面意義吧？

別人買與不買，其實都跟自己無關。別人到底買了哪些建案那些格局哪些房型，其實也都跟自己無關。做自己當下應該要做的事。既然是個買房需求者，請把眼前自己能掌握的一切去努力追求到就好，首要目標得不到，就珍惜次要目標。次要目標的機會又失去了，趕緊再握緊第三要目標。

人性，也就是心理戰。要突破人性，先要逆向看待人群思維，所有人都在搶，你何必要跟著搶呢？所有人都在一頭熱，你又何必要一起瞎攪和呢？做好自己該做的功課，也從手頭上可以支配的資源與買得到的產品之中再去找出一個自己可以接受與喜愛的條件跟優點，拋棄那個完美主義與疑心病，或反市場的矛盾心態。因為帶著這些沒有自我的武裝，其實真的很難可以買到房子、或買到喜愛的房子、或買到間很開心的房子。

如果你一直不斷再詢問某個物件某個建案某個戶別，就代表市場上有非常大的可能性是除了你之外大家都在問，群聚效應的無限循環渲染之下，就有很大的機會造成了當標的的短期增值價差，以至於行情越來越高，甚至屢創新高的成交價，如此之

後對自己最終的結論差只有兩個答案：一
則是你手上有無那些最夯的單位，另一則
是你手上有無那些退而求其次的商品。山
不轉路要轉，路不轉心要轉，先求有再求
好是最穩當的。

【甚麼房子最貴：買不到的房子。甚麼房子最多人問：別人買走的房子。如何避免房子越來越
貴：看到喜歡就下手。如何避免自己再重複詢問同個標的：一有機會絕不放過從不考慮。先求好
地段、再求好單位、沒有好戶別、就買好地點、兩者都沒有、就買個好價錢。其他多説多想多慮
的那些種種，完全都沒有存在的必要。】

市場恐懼

市場是買方與賣方所構築的。

景氣是買方與賣方所造就的。

兩者間彼此兩股力量的對沖，就形成了眼前的氛圍，它會被媒體放大渲染，也會被各自的生活圈所感染，更會受到整體資訊與口耳傳遞的影響，隨之放大且如病毒般擴散，最後深植在當時期有需求的人心之中，每個人都可能會是買方，也很有可能也是個賣方，當然也更有可能同時是買方也是賣方。

買方：不包含單純的消費者，建商買地時，也是買方。

賣方：不包含單純建商代銷，自售屋子時，也是賣方。

仲介可以對賣方開發物件出來委託，也能找買方看屋來銷售，所以市場本身就是雙向的往來。

大部分消費者在買方之端時，很難理解賣方的立場。

當然如果是身為賣方之彼時，也難認同買方的角度。

景氣在多頭時，買方遠多過於賣方的數量，此為賣方市場。

景氣在空頭時，賣方遠多過於買方的數量，此為買方市場。

這個買賣之間的拔河拉鋸，決定了整體不動產市場的現況，雖然它並不一定表示恆久遠，但卻會影響一段時期的行情與成交量能，正面也好、負面也罷，這種種的結論都不是單方面能掌控或決定的，也非炒作就可以塑造出來的，假若沒有基本盤的剛性需求去推升供給，是不可能會有很樂觀的反應。

平均一個區域一年會有多少的交易額，多少的成交量，多少的看屋比，都是波動的，可能隨著黑天鵝或金融與大環境負面影響會巨幅下降，也可能會有十年一波或能量壓縮後的爆發期，循環一直沒有停過，需求也一直存在著。

買方市場時，買方主宰著產品行情的力度，議價空間大，賣方牛肉多，讓利機會大，為求刺激營業額與生存空間，此時願意進場的買家通常都可以入市在低點。

賣方市場時，賣方掌控著銷貨權與絕對性的價錢高度，幾乎難有太多考慮的時間與談判空間，買方能占到的便宜少之又少，

此時進場的買家也只不過是為求一屋。

恐懼是信心的代名詞，在極度沒有安全感的狀態下，就會對未來感到恐慌-。正面多頭、負面空頭，在兩種極端的市場氛圍之中，都會有不少這種擔憂顧忌與害怕。

賣方市場：

買方恐懼著自己買不到房子。

買方害怕喜歡的房子被買走。

買方擔憂著太過倉促下決定。

買方不安於難以認同的行情。

買方顧忌著環境是否持續熱。

買方市場：

賣方恐懼著產品會賣不出去。

賣方害怕過長難撐的銷售期。

賣方擔憂消費者的信心不足。

賣方不安低迷的氛圍要多久。

賣方顧忌推案虧損風險太高。

供不應求，買家搶購，價錢迅速膨脹。

供過於求，賣家搶售，價錢盤整凍漲。

買方也存在著許多八二法則，可以憑藉著自己對房子的需求絕對性來選擇下決定的畢竟少數，很多人是被周圍的氣氛去推升購買欲，看到排隊，就也跟著一股腦地排。看到空蕩，就會很主觀的判斷認知那不應該進場。聽到一堆人要買，就也跟著積極起來。聽到一堆人說時機差，也會跟著消極觀望。

能真正低點入市的人真的不多，因此才有那種傻傻買傻傻賺的例子出現，因為他們根本沒想太多，只不過在當時期有必須要購屋的考量，甚麼熱不熱、冷不冷、有沒有人跟他一樣的狀況、有沒有人買、還是自己的決定好不好，他們根本不在意，畢竟是自己馬上要使用的需求品，去管那麼多幹嘛。所以好巧不巧，他就這麼剛好在時機差的時候進場，然後幾年下來又這麼剛好在時機熱的時候換屋，就賺到了一大波價差成了無意的贏家。

能克服恐懼的買方與賣方，相當難得。

在恐懼時進場掃地的建商，通常都能跳上一截。

在恐懼時進場購屋的買方，通常都能順勢換房。

害怕買不到房子，就更應該當機立斷。

害怕不是好時機，就更應該買好買滿。

永遠沒有人知道未來如何，也無法預知，

一切都是選擇的問題。

你要選擇質疑市況，那也是你的選擇。

你要選擇看而不買，那也是你的選擇。

你要選擇跟旁人走，那也是你的選擇。

總是把買房子看得太複雜，想得太困難，

你的選擇往往會有偏差。

總是把不動產看得太膚淺，想得太主觀，

你的決定總會錯過時機。

【現在正就是個多頭期，但似乎還沒到大多頭，又或是多頭頂點，又或是能不能再更樂觀，沒人可以知曉。但唯一可以清楚明白的是你眼下的需求，如果你希望在這個過程中順利無礙，你應該要做足功課、與家人溝通好共識、算好自己的財務、研究透徹市場行情、積極決定標的，投資自住都可以，想得越多，籌碼越少。考慮得越久，其實不會占到任何便宜。恐懼人人都會有，都也可以戰勝它，因為所有恐懼都是來自於自己的負面心情，當你有了健康的觀念與態度，其實人人都可以是個購屋勇者。】

房價金流

| #市場解析 | 盈虧總有人損益 |

房價，是一個金額指標，有人賺錢，就有人吸收那個空間，反之有人賠錢，也就有人去承接那損失的價差。在台灣不動產這麼龐大的金流市場之中，每一個買賣方、自住方、投資方、投機方，都必須應該知曉這樣的基礎概念，很多人買房子，不見得擁有經濟或專業知識與經驗，所以無法理性客觀看待。但房地產，不是單單只有一個自用需求而已，它是一個迷你經濟體，也是一種投資報酬率的生意行為。

有些論點會指向，過於膨脹的房價，最後是誰來支撐？答案是自住客，所以這些內容就會預判其人均所得、消費力、可支配資金，來推斷大眾是否能夠負擔的起，與此就會有了空方的絕對立場，也就是房價行情不可能永無止盡的上漲，總有一天會打回原形。這理論沒錯，但僅是在紙上談兵，因為只單方面站在剛需或首購者的角度來推斷，是不客觀的，金流是很大的循環體，無法只用收入來判斷未來。

在賣方的賺錢食物鏈上面：

地主→建商→代銷→仲介。

在各不動產交易金流上面：

建商買地→錢進地主。

地主買房→錢進建商→建商買地。

仲介買房→錢進代銷→錢進建商→建商買地。

自住買房→錢進建商→錢進地主→建商買地→地主買房。

投資買房→錢進建商→錢進地主→建商買地→地主買房→投資買房。

以此邏輯可得其循環基礎：

1. 所有不動產交易金額流入的源頭都在土地上。

2. 建設公司是最大宗加工與轉出入資金的單位。

3. 代銷公司是上游通路主要賺取服務費的單位。

4. 仲介是能自買自賣也可賺雙向服務費的單位。

5. 投資客賺到價差依然會再投入相同循環模式。

6. 自住客與置產者是吸收大宗價差的支撐基礎。

以此可理解各立場的優勢：

1. 土地持有者穩賺不賠也是最大原物料供

應者。

2.建商是以加工製造來獲取利潤的中間轉運站。

3.代銷與仲介是以通路來銷售並獲利的第三方。

4.投資客嘗到甜頭後自然會不斷複製賺錢公式。

5.地主有了錢可以擴大投資房地產的布局規模。

6.建商有了錢也能成為長期置產的土地持有者。

7.代銷有了錢也能轉型成為建商再複製與循環。

8.仲介有了錢也能做房屋土地上的投資游擊戰。

9.自住方透過使用時間也成為了無形的投資客。

所以金流在本質意義上是很活化的，它沒有一定的是非對錯，這也是市場有趣的地方，無論你怎麼主觀的定義與否定它都無法改變機制所造成的現實結論。有人會擔心收入或負擔的問題，自然也有人會想辦法走出困境逼迫自己無論如何也得要買一間房，即便壓力很大，即使家人反對，然而時間也總會證明這樣的決定在不動產世界裡是最正確的，金流不是你的錢流到我的口袋裡就是我的錢流到你口袋中。

甚麼是膨脹化的市場：

高價的土地建商買單→新推案的創高行情買方搶購→投資投機方的短期價差自住客大量吸收→仲介或代銷方因此高速周轉多頭獲利。

過度泡沫的時候，短期投機方賺價差的對象還是投資客，如此只是讓時間考驗著誰才是最後一隻白老鼠，建商也會因此錯判產品真正的價值而跟隨熱潮將建案售價拉高於預期的標準值，這也是所謂買空賣空的循環，最後真正受到傷害的，還是自住客。但台灣不動產的特質是這樣，就算房價在買了之後受到衝擊，只要自住用沒有出售的打算，最終市場還是會回到原本的成本線甚至可以創造更高的新行情。

預售換約價差的金流：

投資客賺到的空間→仲介及仲人方賺一手→房價總成本自住客吸收。

投資客拿賺到的錢→再尋下一個標的複製

→如此擴散到全部市場上。

投資客的嗅覺通常會比一般買方更為靈敏，而仲介仲人方因其需求也跟著帶動市場來找賺錢的縫隙，賣方源頭因此產生許多的購買氛圍上門。也許會讓消費機制不公平，也許會令其建案售價比預估值還高，但不得不承認的一個人性行為是：只要有機會的話，人人都想賺錢，越低風險越好賺就越吸引消費者，就算把自住自用與絕不轉賣掛在嘴上，現實跟貪心最終還是會擊潰你原本單純的動機，所以不用把不滿都推在投資客身上，因為只要有那個籌碼，你也會是個投資客。

在景氣推升的環境與時機，投資行為占據了很大的影響比例，但這消費上的衝動，主要也是來自於剛需的買盤量，畢竟貨要出得去、有需求，才會有獲利的條件，沒有買，永遠都不會有賣。在金流上投資客大量吸收貨源，這也變相成為了一種協力賣方，以此循環，反之如果失去了這個角色，市場就熱不起來，銷況更無法太順遂。簡單講也就是投客與仲間者截取掉原本建設公司可以賣更高的行情，等同與建商共利分潤，當然賣方也可斷絕這種通路，只是會提高造市難度。

房地產是個M型化的圈子，賣方與買方同樣是富者很富，這極端的差距是來自於當初自己的決定跟選擇，沒有人可以強迫你的思維，你不想要，洗腦你也沒意思。但在金流中，你沒有上車，也就無法跟隨這個循環鏈來使自己得利得惠，沒買房子不代表不會有損失，其實不買房，在其它的經濟循環之下，你的變相虧蝕是非常多的。承前言，金流會將你的錢轉到別人的口袋裡，鐵齒的時間越長，就會越窮。

【今天你吃碗滷肉飯付掉的30元銅板，它可是有很高的機會流遍全台後再回到自己的手上。但這中間的過程，已經幫助到許多人的需求了，無論是基礎消費、還是清償債務、或是其他用途，它卻創造出超過原本30元的價值，這：就是金流。你不吃那碗飯，不付那個錢，並不會讓那碗飯的售價降低，你不買、別人還是會買，你不吃、別人還是會吃，不管那30元是不是被炒作起來的價錢，請不要變動與否認你肚子餓的初衷跟溫飽的需要。】

參

買方觀念。

格局
首重什麼

| #買方觀念 | 買房知識+ |

格局是一個家的靈魂所在,在建築的排列組合裡面,根據建商所定調的產品坪數與售價,通常會限制住格局規劃的彈性。

套房:永遠的單面採光。

兩房:少衛少窗少邊間。

三房:條件設計較優渥。

坪數越小、總價越低,格局很難可以完整。

面積越大、總價越高,格局就能盡善盡美。

以一個使用者的立場來看,住家格局該著重於何處?

1. 採光面數:越多的迎光面居住感越好,尤以建案若以大片窗規劃,則室內日照條件越舒適,通常雙拼設計都能保持絕佳性的三面都採光。

2. 開窗完善:全室無暗房,是最妥當也是最基本的居住需求,廁所若無通風,則濕氣太重且維護麻煩,臥房若無開窗,則陰暗無光難住。

3. 形狀方正:越方越正的格局浪費掉的面積會越少,且在各個生活領域的空間會很好裝潢配置,不僅大器好用,視覺觀

感也可以加分不少。

4. 動線順暢:居家生活之中的人流動線很重要,從某空間要移動到其他地方必須要順暢與合情合理,不僅要符合使用邏輯,更要完善於此。

5. 隔戶牆少:大樓最為人詬病的是在於隱私,隔音是集合式住宅最重要的考量之一,隔戶牆是與鄰居的共用面,若此牆壁越少私密性越佳。

6. 樑柱規劃:結構設計雖然是為了基礎安全,但經過細心的調配與思考是可以避重就輕的,不適當的配置就得額外花裝潢費來眼不見為淨。

7. 獨立廚房:只要面積足夠,建商多半會以獨立式廚房來安排,但若因為了壓低總價產生的空間不足,都會設計開放式廚房來放大視覺感。

8. 陽台夠用:家事工作最重要的地方是陽台,不能忽略也是必要性的生活空間,最少要滿足於此且不會受到拘束與堪用的面積才算是及格。

現代孟母

| #買方觀念 | 隨學而居 |

學區宅，是人們購屋一項非常重要的考量。

為了孩子的教育素質，為父母者都很願意多花些錢來搶住在好的學校周邊，尤其是知名度相當高的明星學區。

除此之外，也有單純是為了可以減省接送孩童上下學的時間來買房，畢竟時間就是金錢，不見得每個家長每天都有辦法抽身來解決這個交通問題，所以那些重劃區之中，在學校正旁邊，越近的，其房市行情就越高，若剛好還是受市場歡迎的學校，房價就更貴。

九年的義務教育中，國小倒不會是很多人在意的重點，頂多就是新建設好的學校硬體設備都會比較完善而受到關注。

國中才是每個家長，尤其做媽媽的會更在乎，每一年看到評測或升學率、網路論壇及鄰里觀感，都會決定著當區域哪一間學校最好最熱門，甚至還會在當下因此學區影響到中古屋或新建案的價錢。

那麼在消費者的心中，這到底會需要增加多少的預算呢？

一個城市之中，通常舊的環境區域，是不太可能有機會建構新式的學校，也沒有那種土地，所以學校的水準與素質只能從軟體師資上面去提升，於此在舊城區內，交通距離會是房價上比較重要的關鍵。

新興的重劃區就不一樣了，從開發中有許多的學校預定地，在大片空地中令人期待這些學校何時能慢慢實踐成形。除了新之外，這些學校普遍都會有著比較好的潛力，學子的競爭力也會比舊城中來得高，畢竟隨著時代的交替與改變，選擇權比較高的家長們也傾向著能在一個充滿希望的區域來放注自己的籌碼。

然而在供給與需求上面，明星學區決定著至少10-20%左右的總價預算，畢竟好的學校收編人數有限，太過熱門的還會需要抽籤或其他麻煩的配套來碰點運氣，想要的人一多了，名額卻有限，自然房價就會越來越貴，甚至過於極端的案例還能成為投資的工具。

所謂的學區宅，並非是鄰學校近而已，在買方的認同度還是有以下的排名順序：

A級：明星學區，住家百米內。

B級：明星學區，住家有距離。

C級：普通學區，住家百米內。

D級：普通學區，住家有距離。

畢竟家，是包含著所有的住家人口，上有老，下有小。

能夠提升孩子未來的就學素質又能減少自己的困擾，多花點錢是幾乎每個人都能接受的。

所以在A級環境的建案，除了本身產力的競爭力之外，學區會是一個相當大的加分作用與賣點，不過通常這樣條件的房子在整體市場上其實比例是非常少的，所以它也成為了中古屋的抗跌與增值優勢，因為好的學區沒意外都會一直佇立在那邊，但能建設的土地總是非常有限，於此為了好學校來屈就買二手屋的家長與買方也不在少數。

那麼如果是普通的學區，基本上就沒有甚麼太多的影響，有些人會將孩童未來的時間考量在裡面，有些人則是不會想得太多，等快要發生的時候在來傷腦筋就好。

每個人所考慮的點都不同，也根據每個區域會吸引到的客層素質也會非常的不一樣，因此隨著時間來發展出各自獨立屬性的地點特質，例如：

新重劃區有很多未來的夢想藍圖，有重新架構起來的街廓、道路、綠地，居家生活品質與環境較好，會願意進住的人是外來移居的比例較高，大家都想擠新的學校，於是也成為了一個眼光目標都差不多的區域性質。

舊城區保有許多已發展的生活機能，人們幾乎都是長期在這個圈子裡成長到生子，不僅習慣了，更不會想特地搬出至別地，自然那些老學校也就繼承了下來，自己的孩子同時也是自己的學弟妹，因此塑形了學區素質。

【在中國的大城市中，一個可掛戶籍的小胡同，它並不能住人，但卻可以讓你申請那些全國最知名的學區，只是這麼簡單的功能，就可以把這個標的價錢炒到如天高的價格。孟母一定想不到幾千年後的未來，學區也成了一種市場價值與交易產品，只因為想讓自己的下一代可以更好、更棒、更出色。】

成本
有上漲嗎

當跟某些買方聊到原物料的成本時，還是有很多人無法認同與接受這一點，認為成本上漲是賣方與建商要將售價拉高的藉口，針對這件事，只能說有這認知與觀感的人們，可能真的完全沒有接觸過這些東西的過程與經驗。

建築成本，是涵蓋所有消費品最大宗的指標之一。

只要民生基礎消費受到通膨影響，建築業最有感。

例如：

能源只要上漲，石油包含著運輸、電力也吃得兇，一層層上游廠商的連鎖反應之下，會很直接地影響營造業的發包預算，能源也決定著鋼筋與水泥的基礎價格。

勞力政策的改變，一例一休等等，進而讓人力成本跟進，更何況現下的社會願意做工的很少，給予的酬勞早已不可同日而語，那麼這是否會加諸在售價之中呢？

稅務法規的調整，這是很大的隱形成本，許多買方不知其建設營造端的無奈，他們必須要額外花費許多支出在這上面來滿足政府與主管單位的要求，生意人又怎麼會做賠錢的買賣呢，當然最後會都加諸在房價之中了。

營造成本的大致項目：

大地工程：土方、基礎、開挖。

結構工程：鋼筋、混凝土、模板。

裝修工程：泥作、磁磚、隔間、屋頂、油漆、石材、地坪、牆面、平頂、木作、外牆、及雜項工程。

五金工程：門窗、玻璃等等相關。

特殊外觀：額外配置或異型加工的裝飾材質與工程。

防水隔熱：所有關於此的細項工程。

水電消防：電氣、排水、給水等工程，衛生、消防、防盜、電信、對講、廣播或其他設備工程。

空調工程：冷氣及配管相關。

電梯工程：升降設備等相關。

景觀工程：植栽與灑水等等。

假設工程：鷹架、圍籬、告示、放樣、抽水、臨時水電等設施。

環保安衛：空汙、噪音、震動、水汙染、廢棄物清理等防治措施費用。

其他工程：雜項、鐵件、戶外排水、落水

管、水泥管、汙水設備、伸縮縫、扶手欄
杆、人孔蓋、採光罩、陰井等等。

室內建材：廚具、衛浴、或其他標準設
備。

不包含上述之其他費用項目：拆除工程、
建築規劃設計費、鑑界、鑽探、監造、建
築相關規費、公寓大廈管理與開放空間基
金、計畫道路開闢費用、工程管理、空汙
環工費、及周邊公有建築物維護費。

以上建築成本預算還會根據每年原物料指
數及物價水準調整，近十年來這數值從沒
有下降過，年年上漲，因此也帶動這些大
項目所分支下來的各個工程費用不斷在上
升。

這十個年頭，基礎營造費用的平均上漲幅
度最少20%起跳，換言之不管這期間的土
地成本與稅務法規成本沒有增加，光造價
就會令房屋售價有不少的壓力，於此你還
會認為這些東西只是一個賣方的藉口嗎？

如果你要自地自建，所聘用的營造廠，十
年前後的價格是很有感的差距。

如果你要做室內裝潢或其他雜項相關工
程，十年前後的價錢更有感不同。

即使是設計裝修很常見的壁紙、窗簾、木
工、鐵工，還是到各項飾材，甚至是大理
石、天花板、木地板、實木，也都漲了很
多，通膨的影響是全面性的。

只要有常態接觸這領域或具經驗的，都會
知道現在的原物料價錢是越來越高，想要
壓低成本，建物品質就會大打折扣甚至最
後一堆瑕疵，所以要維持這樣的平衡是越
來越困難，相對賣方的利潤也不斷被壓縮
著。

【如果你感覺自己生活周遭的一切基礎物價水平都越來越高，那又有何條件來認為大宗原物料的
聚合體應該要越來越便宜呢？難道你只想要買偷工減料的房子嗎？而且就算要偷成本，也無法回
到過去的造價了。】

無殼族的
怨念

40~60年次，統稱為「上一代」吧。

60~80年次，統稱為「下一代」吧。

上一代的，孩子多，幣值高，房子總價低，房貸利息超高，經歷過景氣的蓬勃與衰退，看過房市腰斬、股市崩盤。

下一代的，孩子少，幣值低，房子總價高，房貸利息超低，尚無碰過嚴重的經濟危機，房市普遍穩定，股市震盪。

這兩者之間所處的生活環境，是很極端的，也因此差異出來的觀念、想法、態度，都很不一樣，這也延伸出了不同方向跟道路的行為與精神。

針對有沒有必要買房、有屋、置產這件事來論，上一代與下一代的思維是天差地別。

意思是上一代在他們剛出社會時有著與下一代現況相同的需求、煩惱、慾望的年紀時，為了自己的理想而所做出的決定，所願意付出的代價，都是現今無殼族沒法做到的事，也更無法去揣摩想像。

30年前，有人買房子會去思考甚麼少子化、空屋率、炒房的問題嗎？他們買房不是因為有錢，更不是要投資，都跟你我一樣只是很單純的剛性需求。在房貸利息那麼高的時代，購屋門檻可是比現在還要更辛苦，負擔壓力更大，同時孩子多，比較起來現代的人們是很幸福的。

試問，在收入都有限制的狀態下，到底從前的人是怎麼買房子的呢？沒有槓桿跟分期付款的選擇，就只能靠自己存了，這需要時間。所以上一代的人們普遍都具有耐性，也養成了保守與求穩的習慣，會為了未來精準思考自己的經濟分配。吃苦耐勞沒甚麼，那是每個人的日常基礎，節儉度日省吃少用沒甚麼，那是生活的基本態度。

那麼問問現在還沒有房子的各位，你們能與上一代有著一樣的覺悟嗎？還是只想繼續過著草莓與月光族的日子，追求用薪水買來的小確幸，然後繼續逃避現實。沒有耐性，也沒有危機意識，更不會為了自己以後做打算，走一步算一步，人家口袋麥可麥可的，你的口袋卻開了個大洞，跟著同溫層的人們一起取無殼的暖來浪費時間。

在抱怨那些炒房者之前，有個問題是，當

你們周遭身邊的家人、父母、親戚、朋友、同事買了房子的時候，你會對他們表達忿忿不平的埋怨嗎？

因為炒房的基礎定義在於大量需求來累積上去的價錢推疊，只要有買房，無論是否投資動機，變相都是炒房圈的一分子，你應該怨恨他們的。

不如做個有效率的自我評量與假設看看好了：

將每年所有的消費帳目記下，在一一劃分掉那些不必要的支出，看看最後能省下多少。不用管房價有多高，也別管自己到底買不買得起，把錢存下來再說，如果因為那些房市數字就先擊敗自己，那你賭的可是自己的人生與未來。

存了十年也好、二十年也好，積少永遠可以成很多，不怕存不到，只怕從來都沒有開始存的那一天。

【比上可以不足，但不能連餘的邊都沒有。意思是我們都必須學習上一代為了家庭與購屋含辛茹苦的精神，並非是笑他們傻，或是認為買房子的人是笨蛋，其實蠢的都是那些長期無殼無資產月花光底的人。如果今天換作是你生活在那個過去與時代之下，這種錯誤態度與觀念還是會注定終將失敗的自己。】

看屋不該執著
某個點

遇過最多買方關於購屋或建案上的疑慮大致以下：

1. 這個建商品質好嗎？
2. 這個地點會增值嗎？
3. 這個格局規劃好嗎？
4. 公設有甚麼影響嗎？
5. 這些樓層可以買嗎？
6. 這個採光通風好嗎？
7. 沒甚麼棟距可買嗎？
8. 這個價錢可以買嗎？
9. 這些案子哪個最好？
10. 這抗性能接受嗎？

當然不乏許多的提問者無論在怎麼去傳遞一些觀念或專業上的客觀建議，都還是沒辦法改變某些買方對這些問題點上面的執著。

在市場上的邏輯是這樣：

那些你認為不好的房子，總有賣掉的一天，當景氣時機越熱的時候，你甚至還會有著「怎麼可能」的驚嘆，意思是你以為那種東西或價錢根本不會有人買，但卻賣完了還賣得很快很好。

這代表著不動產雖然有著產品力先天條件上的差距，的確有好，也有差，更有優劣之分，但在市場供需的影響之下，先求有再求好是非常自然的結論，你希望自己所買的建案可以是一間好房子，但現實的是，買房子常常是無法天如人願的。

對於首購族，想的永遠都是那麼多，當你到第二次購屋的時候，就會發現當初自己思考的那些細節是很好笑的。

因為沒有接觸過，所以吹毛求疵，也因為不夠了解，所以會戒慎恐懼，但有了經驗之後，這過程就會快很多了。

所以呢，第一次購屋的人、第一次換屋的人、要換大房子的人、要投資的人，開頭的第一句話與想求得的資訊跟結論或目的，都完全不同，只要前面幾個詢問的問題，就會馬上知道你是屬於哪一種需求的客群。

首購：問題非常多且外行，有不少奇怪的觀念與認知。

首換：具基礎的市場認知跟經驗，能了解購屋的重點。

二換：只想知道對於自己需求的問題結論，廢話少說。

投資：只會理性求得幾個自己動機需要的元素與條件。

這很正常也是每個人會普遍遇到的過程。

每個人都會有第一次買房的經驗。

再來你也會有要首次換屋的需求。

而後你可能有要換更大房的機會。

你也會有多重想投資房產的慾望。

不動產的世界是很博大精深的，需要的專業或必要性的瞭解實在是太多太多，如果為了買房子而想要瞭解到這種層面，是需要花費巨大時間與心血的，甚至連身在圈內的從業人員都也未必能夠有著精純渾厚的程度。所以在消費的立場上，真的不需要鑽牛角尖，更不用著眼於一個「點」上，而是要看整個「面」。

甚麼是「面」，在建築本質與市場基礎的客觀。

甚麼是「點」，在自我好惡與猜測假設的主觀。

買方、買房、投資，只需要著重這些重點就夠了：

1.房地產沒有便宜可占，羊毛出在羊身上。

2.增值都是看未來，不是過去更不是現在。

3.預算決定所有產品的一切，要認清此點。

4.不要求得一次到位，因為人生有階段性。

5.預售時所想像的一切都會跟事實有落差。

6.你現在會注重的優缺點不代表以後也是。

7.品牌可以追求但不盲從，它只是種流行。

8.選擇買得起的房子才不會有以後的風險。

9.沒有完美的建案，只有適合自己的房子。

10.避開那些小眾市場的產品就不會吃虧。

自己有沒有喜歡很重要，有了感覺，才會有那些疑慮。

因為覺得不錯，才會有更多餘的擔憂想求得問題解答。

但重點是你已經有「想買」的前提不是

嗎？

那又何必要複雜的去模糊掉自己的感覺
呢？

因喜歡所以多想，又因多想來打消掉哪種
喜歡，從此不斷循環，浪費時間，越看越
貴，甚至最後兜了一大圈還是最初的那個
最喜歡。

所以我時常回覆的答案是：

預算可以，有喜歡，買下去就對了。

除非超出預算，除非你沒購買慾望。

人們會問：就這麼簡單嗎？

對！買房子就是這麼單純。

【歷經這個行業的長年經驗，你會看過無數個建案、建築，會看到很美很棒的房子，當然也會看
到那種莫名其妙的屋子。所以我們業內購屋，基本都是快狠準，因為邏輯不過就是這樣，根本不
需要去想太多，人算永遠不如天算。在台灣，有房子就是件好事，即便你曾遇到那些不開心的購
屋過程或地雷品牌，那些都不會比你已經擁有不動產還來得重要。】

購屋新手
懶人包

根據自己現有的購屋預算及入住急迫性可分為以下。

預售屋與成屋及中古屋的差別：

預售屋：全新一手，自備門檻低，照工程進度分期付款，貸款成數會比較高，對於首購族相對付款壓力比較低，且在建設過程中還有機會增值。

新成屋：全新一手，自備款需要一次付清，可以馬上入住，配合賣方銀行貸款成數普遍較高，交屋既馬上有裝潢家電代收款等大筆支出費用。

中古屋：二手，自備款會較高，貸款成數看標的，但普遍會比新房少，若是仲介還須付清服務費，可以馬上入住，有修繕整理等雜支的可能性。

如果自備現金不夠但有穩定工作收入，預售屋入手的難度會比較低，大多建案前期只要能有近10~12%的頭期款，其他若以薪資來分期慢慢繳付，基本上都還能勉強支撐。

自備資金比較充裕又有急需入住的話，新成屋跟中古房會比預售更適合妥當，唯一要注意的問題是屋齡與屋況。

選好需求種類目標後，再來是購屋總價預算。

許多新手會誤解單價與總價的含意，在房產價值裡，單價是用來衡量貴與便宜的數值，而非你的預算。

總價才是用作計算自己荷包能負擔的上限，不動產都是價格買空間，有多少錢就買多少面積，所以自己能夠承受多少的總價是首次購屋最主要的優先參考依據。

而後就是空間的大小需求，房型大於總坪數。

有多少人要住，最少需要多少房數，三房與兩房的功能性差異很大，若在預算有限的條件下，首購族是沒有太多條件去嫌小，應該是要先求夠用，能有餘力再來考量大一些的坪數，以下是幾種市場建案上常見的產品。

兩房一衛：小空間，陽台少，小家庭堪用，通常設定在室內主建物面積在15~18坪左右，售坪在20~25坪上下，若是以這種房型做為購屋目標，盡量選擇面積越少越好，因為這是過度時期的住家產品。

兩房兩衛：大空間，僅次於三房的住家機

能，可以補足廚房陽台及衛浴的實用性，更適合家庭使用，缺點就是總價較高，主建物通常會落在18~22坪，售坪在27~32坪，此房型年輕人都會比較喜愛，但未來若要轉賣時脫手率會較低，這是比較小眾的產品。

三房一衛：小空間的機能三房，總價很低卻有三間臥房的實用性，雖然少一間廁所加減會產生未來使用上的不便，但卻可以為首次購屋的小家庭提供較完善的需求功能，室內面積較常見為20~23坪，售坪在30~34坪，這同屬於小眾與不景氣下的產品與規劃。

三房二衛：標準住家需求，也是全市占率最高，每個人都會必經的購屋房型，早買早享受，晚買也是會以這規劃為主。市場分為小三房與大三房兩類，其室內面積與總價也會有很大的差別，小三房室內會控制在22~25坪左右，售坪在35~40坪之間，這也是目前市況最好賣的設定。大三房則會超過主建物25坪以上，售坪會在42甚至超過50坪，此房型也是脫手率最高的產品。

有效率的邏輯是這樣：

預算有限，先求有，再求好，先求省，再求精。

預算有底，求夠用，再求大，先求實，再求美。

首購不該好高鶩遠，也不該追逐品牌或建材，更不該要十全十美，因為在不動產的世界裡面，成本永遠都決定著品質，當然也影響著內容物。

最後則是地點的選擇，也是許多人的迷思。

好的地段單價一定高，差的地點單價也肯定低。

在相同的總價預算內：

你希望住好一點的地方，相對面積與空間都必須要縮小。

你希望住大一點的房子，相對機能與環境都必須要放棄。

這很現實，但也很理性，在不太好的時機與環境，通常首購族比較有機會可以看到在不錯的蛋黃區內有小坪數的產品來選擇。相對若是很熱很好的景氣，建商也不太願意會做過多的小房型規劃，所以自己

對於建案地點上的考量，在第一次購屋時
要做非常好的拿捏與取捨。

你可能剛好在大熱潮時首購。

也可能剛好在大低潮時首購。

然而有很多人會執著於地點到底要怎麼比
較與怎麼選擇，其實這不應該跟風，畢竟
每個人的工作位置或動線，本身居家與生
活環境的適應跟距離與習性都不同，這都
很見仁見智的，每個城市都有很熱門的指
標區域，每個市場也都有人人想住的好地
段，但不代表它適合你。

所以除了預算影響著新房子的座落位置
外，自己是否對當區未來生活有明確的需
求與依賴性，與對以後發展的眼光，這都
是要好好去深思熟慮的，問任何人都沒有
用，因為只有住的人才會明白自己的接受
度在哪。

【這篇是一個針對剛看屋的新手給予的基本速成概念，簡單不複雜，市場上各種產品、建商、建
案琳瑯滿目，看屋並不是也不需要全部看光看完看遍了才能做決定，只要有正確的邏輯，找到自
己要的方向，遇到喜歡的，馬上就可以快狠準的下訂購買。看房子不是看得多或看得久你就會買
得很便宜划算，一針見血才是硬道理，拖泥帶水只會誤了自己苦了家人。】

租與買的差別

租不如買？

買不如租？

看到無數賣方的廣告主軸，都是上者。

對房產感到絕望的首購族，都是下者。

究竟哪個划算，哪個才是符合時代運行下的正道，哪一個才是購屋者的正確選擇呢？

很多時候，我們都需要換位思考，如此才能有更客觀的結論，畢竟每一個購屋者都有著不同的需求與想法、眼光與思維，有著正確的態度，才不會令自己的人生吃到悶虧，獨立的思考與判斷能力是很重要的，不隨意跟風，不隨任何流行起舞，也不隨任何人的言語就改變了自己的方向，如此才能做出最正確的決定。

租屋：房東與房客。

房東者：每月繳予房貸利息與雜支為成本，租金相抵之後都會有正盈餘，無論是被動收入或資產儲蓄都能達到相當理想的投資效應。

有一說是，房東拿你的租金來養房。

有一說是，房東以投報率來養收入。

有一說是，房東用銀行的錢來收租。

房客者：每月繳予的租金都是支出，既沒有同等價值抵押品回饋，也沒有儲蓄的功能，更沒有收入的意義，如同日常吃飯基本開銷般花下去就沒了，只能做為存錢階段過度時期的臨時居所。

有一說是，房客是在幫房東養房子。

有一說是，沒有人會想租一輩子房。

有一說是，房東是靠房客來養大的。

假例：房東每年收支抵銷後還能賺10萬，長年累積不僅有穩定的收益，未來若有不錯的增值環境還可易手賺取高額價差。

上例：房客每年租金損耗10萬，既沒有資產，也沒法存下這些支出，更浪費許多無形中可以賺取不動產增值的時間，還會平白徒增很多爾後購屋時需要更高的單價成本與風險。

房東者每年抽取你10萬的資產，房客者每年被抽取了10萬的代價，一來一往的兩者就是20萬的兩倍落差，假設房東還賺到增值價差時，這兩者之間的差異可不只這倍數。

而且隨著時間增長還會不斷拉高人生資產價值的倍率。

買房：單純自住用。

有人認為高房價時代，做為一個屋奴是種可笑的愚蠢。

有人認為買房的人同時也是推升房市行情的兇手之一。

有人認為不動產絕對會泡沫崩盤，笨蛋才會去買房子。

有一說是，無論漲跌，房子沒買都不關你的事。

有一說是，自住使用，不需要去關注景氣趨勢。

有一說是，擁房者才有著基本資產籌碼抗通膨。

有一說是，低利時代，買房是種槓桿循環周轉。

為什麼買房前要顧慮房市未來漲跌，你是神嗎？

為什麼買房後要擔心房市會不會跌，你會賣嗎？

你是房市專家嗎？即便是，也很難預知。

你是從業人員嗎？即便是，也很難預料。

你是資深高手嗎？即便是，也很難預判。

房子是拿來住的，如果你也是只拿來住的，基本上不用擔心那些有的沒的。

害怕的應該是拿不動產來投機的人。

害怕的應該是用不動產做周轉的人。

害怕的應該是槓桿風險用太高的人。

老話一句：「房子會賠錢的都是缺錢的人。」

如果你繳得起貸款，你不用擔心。

如果你付得起自備，你不用擔憂。

最後，時間會告訴你，有房的人都是永遠的贏家。

事實上，租的確不如買。

雖然自住不會有租金收益，也會有利息支出。

但租與買的主要比較衡量重點來於兩件考量。

1.租金高，還是利息高？

2.房貸本金是儲蓄資本。

當租金高於利息時，你為何要以租代買？

當利息高於租金時，租房才會較為有利。

租房時的標的物，是你能使用的資產嗎？

買房時的標的物，是完完全全屬於你的。

前者無法為你帶來經濟上的效益，後者卻可以為你帶來無法衡量的未來空間。

只要你不缺現金，房價跌時你可以住到行
情漲回來甚至更高時出售。
只要你不把房子當成投機工具，景氣與信
心都不會打擊到你的資本。

【做房東永遠勝過房客，買房子也永遠好過租屋蝸牛，時代趨勢下是如此，經濟環境過程事實也
是如此，買房不要逆天而行，購屋不要逆勢而為，有了正確的觀念上了軌道，你才能有機會是那
個乘坐在高鐵車廂上的一員。購屋大忌就是為了反對而反對。】

吃米
得知米價

|＃買方觀念｜消費邏輯｜

當一個可以被買賣與交易的商品，從它被製作生產出來的那一刻起再到你手上的過程中，都有許多有形與無形、間接與直接性的各種成本，而這些費用，也會被涵蓋在最後的售價之中。

原物料要成本。

技術需要成本。

設備需要成本。

人事需要成本。

利息需要成本。

包裝需要成本。

通路需要成本。

行銷需要成本。

即便是人們每天都會接觸的各種大小細項之民生消耗品，即使是你我都不曾起眼又不在意多少價格的日常必需品，它們都有其相關的製造費用，就算它只有一元的標價，也還是有成本。

上述這些生產過程，有各自協力或專業的廠商來合作參與，當然他們也都有著自營的相關成本，沒有人會做賠錢的生意，每項工作都是為了賺錢，所以這也是一個龐大的金流樹狀圖。

既然如此，你所購買的房子，又怎麼可能是沒有成本的呢？又怎麼會是無本生意呢？不動產是經過複雜又大型的拼裝組合商品，建商與營造廠則是籌備與整合各下游的指揮發包單位。

試問，你會到便利商店買一瓶10元飲料，跟店員殺價嗎？

試問，你會到便利商店去罵他們都是無良的暴利商人嗎？

不會，因為金額很小，小到每個人都買得起，小到根本不會有人會去在意它的成本是多少，也不會想去理解它生產過程的開銷。

撇開不動產是否為一個可以被彈性操作、炒房、投資或投機的工具，建案最原始的基本售價，是可以被計算與估設出來的，因為那些環環相扣的建構成本，每個有經驗的同業都會算，所以最後售價有可能會低於總成本的累積嗎？所以有建商會賠錢來大放送給買方嗎？所以有可能為你免費蓋房子嗎？

興建一棟建物會經過哪些過程？

土地購買：

地主賺取價差，政府賺取稅金。

規劃費用：

建築師與設計師等細節的開銷。

大地工程：

土方地質與挖掘等相關的發包。

基礎工程：

大底興建與地下室基礎的費用。

鋼鐵水泥：

最大宗比例的建築原物料成本。

結構工程：

關於結構等施工的必要性支出。

土木工程：

模板及泥作粗工等相關性施工。

圬工裝修：

砌磚磁磚鋪磚等輔助性質工程。

門窗五金：

建築物上的每個開口與五金類。

特殊外牆：

有別一般設計的外牆材質工法。

防水隔熱：

軟性提升使用品質的必備施作。

水電消防：

配管跑管與消防要求跟弱電類。

空調工程：

預留套管及排水等相關性工程。

電梯工程：

機坑機房車廂等電梯相關費用。

景觀工程：

綠化與植栽或專用給排水成本。

附屬雜項：

延伸性及其輔助但必要性工程。

建材配備：

廚衛等住家所有基本設備材料。

公設裝潢：

公領域空間所有裝潢施工成本。

整理清潔：

工程結束後之收尾與清潔工程。

廣告行銷：

用於銷售上相關的各種類支出。

人事人力：

營運所必要的各部門人資費用。

時間成本：

用於管理與利息或稅金等成本。

以上各項再延伸出去與之合作的無論是哪個單位或公司廠商，也都有自家產品類似製造過程的成本，所以建築物成了一個超

大型的零件組合體，不管是有形的硬體還
是無形的軟體或服務，都有著它必須該
有的價格與相關利潤，所以想要房子賠錢
賣，那非正常邏輯之事。

而吃米得該要知道那米價，買房也得要知
道那房價，意思是你想要享受這樣的需求
或產品，就得要付出該對應的代價，不要
無理且任性地想占盡各種便宜。

同時這也是種經濟金流，當消費者所購屋
的房價流入建商或營造開發商手裡也同時
養活了相關領域的人，更造就一個經濟循
環的迴圈，所以景氣好時，活絡了一切，
房市不好時，就有如血管阻塞像中風般的
難過。

【 每項中間過程所建構出來的耗資，也隨著時間過去與通膨在漲價，所以房價普遍難回頭，因這
高額的基礎成本是不斷地在提升，能壓縮與調控的空間實在非常有限，這也是為何買方有必要以
健康心態去正視了解成本問題，只有如此才能平衡消費時心中的疑慮，並不是所有你無法接受的
價錢與行情都來自於炒作或暴利。 】

真假屋奴

|＃買方觀念｜認清事實｜

人們總說，房貸月繳不要超過自己收入的1/3。

長輩總說，收入不高就不要讓房貸壓力太大。

空方總說，現代首購新鮮人根本繳不起房貸。

這些論調與思維立場，可否屬實？還是過度保護，還是逃避現實，還是不切實際呢？

時代變遷也將經濟環境帶來了與過去截然不同的世界，上一代的人們要買房基本上不會與銀行借錢，一則幣值大、消費低。

一則利息太高，沒有人可以承擔當時房貸利率的壓力，所以購屋都是現金買清，也會傳達他們對銀行不滿的態度給下一代，無論是吸血鬼也好、現實鬼也罷，老一輩在過去總是警惕年輕人寧可辛苦點存錢累積儲蓄來買房子也千萬不要跟銀行借錢。

還記得以前家庭的平均生育率有多高嗎？

還記得以前的收入水平與現在無差異嗎？

還記得以前的消費水準跟現在差很多嗎？

過去，房貸利息高於10%，房子總價低，但孩子多，基本上若不靠時間與耐心來有效的省吃儉用，要能存到足夠買房的資金也並不是件易事。

請問他們在當時的購屋痛苦指數不高嗎？請問他們為了給家人孩子一個溫暖的空間，都不需要經過努力嗎？如果他們沒有走過這樣的陣痛期，又怎會在現況希望下一代買房子不要像他們一樣辛苦呢？

大家在比較的永遠是表面與不想去承擔的代價，卻老是忽略先甘後苦能帶來的果實。

現在，房貸利息低於2%，房子總價高，但孩子少，基本上自備款比例也越來越輕鬆了，幾乎把房價用時間來稀釋掉壓力，只差跨出去的勇氣。

台灣50年來生育率至今差距了近5倍，同時房貸利率也下降了6倍，經濟環境不斷在改變，唯一不變的是不動產價值依然存在於每個人的需求上。

房子遲早是要買的，為什麼以前的人不會有阻止自己購屋的負面心態？也不會有那種被過度保護的勸戒？是因為過過苦日子所以不要孩子們也要走過那些歷程嗎？還是現代人真的害怕去承擔壓力呢？

事實與經驗或歷史可證明，生命自然會找出路，在必須要負擔的經濟開銷，人總是可以從縫隙中成功的生存下來，今天你認為每個月少幾千元過活會要你命，實際上卻有很多人可以壓縮節儉的更多。

買房不是消費，房貸更不是打水漂，如今平均長線不動產成長空間比例遠高於你的利息，還款越快，存得就越多，並非購屋自備款與那些抵押給銀行的金額不會回來，它們會隨著時間不斷的成長，因為景氣也好、因為通膨也罷，最少你的辛苦不會被浪費。

以十年周期作個舉例：

十年前買間房，如今也還了一半的貸款，現在的房價遠不只當初的成本價，若出售你不僅可拿回當時所付出的自備金與那還了半數的房貸金額，再加上增值的價差，所有換回的現金，足以在讓你買一間條件更好或面積更大的新房子，以此生生不息的循環。

但十年前沒買，至今就要用更高的成本來買同樣的東西，差別在於這段期間你可否因自律性儲蓄存到相同數字的金額，以及能否賺更多的錢來追上那些增值與通膨空間，猶豫越久，購屋壓力就越大。

觀望，是要付出代價的，於此這才是真屋奴，除非你永遠都不需要買房子，除非不動產永遠與自己絕緣，除非你完全不需要住家空間的慾望。

以正面態度與正確的觀念來看待房貸及承擔責任與壓力，這樣的行為並非是屋奴，這兩個字的產生也都是那些負面思維下的產物，擁有房子是個甜蜜的負擔。只要不是過度誇張的運用槓桿，只要不是貪心或無知的衝動，基本上有房的人永遠都不會是輸家。

無論在甚麼時間點下買房都不嫌晚，怕的是你都無法做下決定，看了若干年、若干物件，最後總是沒辦法跨出那一步。其實這過程所浪費掉的時間，都在無形中不斷耗損你的人生資產，你有多少的光陰可以這樣徒然白費掉呢？你又有多少的籌碼可以跟市場來對賭呢？早買早貸款早清償在經驗上永遠都會是贏家。

價值100元，自備20元，每年付5毛利息，十年後還了40元的本金並以150元賣出可

回收110元現金，你的可動資金與當初購
屋時成長了五倍餘。

可當時沒買，甚麼都沒有。

是每月要負擔的房貸壓力大，還是不斷隨
時間漲價的房市行情給你的壓力比較大
呢？

【你把錢存在銀行，銀行再把你的錢借給別人貸款買房，只要你有將錢存在銀行的那天起，它其
實就不是你的錢了，因為它已經成為不動產金流的一部分，即便堅持不買房，你所賺的每一塊錢
其實都在為不動產抬轎，除非你完全不跟銀行往來自存現金。】

買房
沒有一次到位

| #買方觀念 | 以小換大 |

循序漸進，是大部分普通人們正常的購屋順序，畢竟並非每個人都會有先天的資源或是異常暴富的機會，在大眾市場之中，首購族都是先求有個房子為主，即便那是一間很小又難用的空間，但至少那是屬於自己的窩，爾後再隨人生階段的不同、收入儲蓄的效率、家庭空間的需求再行決定當時需要多大的屋子與坪數。

一次到位這件事，不切實際又不符邏輯，有多少人可以第一次買房就住到老住到退休呢？

人們隨著年紀增長會有何不同？

1.財力與收入。

2.家庭成員數。

3.觀念成熟度。

4.理財價值觀。

5.空間需求度。

6.美感與品味。

7.知識與經驗。

8.多元化興趣。

9.成就與地位。

這些與購屋相關的元素或條件，無法在尚還年輕時就能決定這長久人生階段的所有內容，因為每個十歲的過去，人們想的東西與慾望就會不一樣。

如果以市場上中古屋的實況而言，會發現到，那些總價與單價比較低的首購社區，大部分二手屋的裝潢都會比較陽春與廉價，而那些門檻較高的標的，屋內電器設備或傢具等等品質品牌普遍較高檔頂級。

從這點可以看出，當人們第一次買房時，不會選擇也無法選擇太高貴的產品。同時它也不會是一生中最理想的藍圖，所以當交屋要裝潢的時候，自然也就是堪用就好、預算為主，相對同樣是首次買中古屋的族群，也不會對這些東西有太高的期望與要求程度。

這是很自然的消費心態，當你預算越來越大的時候，胃口慢慢會增長，想要的東西跟慾望也會越來越廣泛，所以首購就想要一次到位，不太實際。

產品的坪數與室內空間，是決定你在這個殼可以撐多久時間的關鍵，除了自己可以忍受多少擁擠的程度之外，也是在考驗下一間換屋預算值的上限，比如在台北市這種極高的房價蛋黃區，很多人一家三口下

在套房一熬就是十來年才能換房，在其他城市就幸福多了，首購可以在兩房或小一點的三房來積蓄資金與子彈，而且換屋的時間頻率與平均周期都比台北市快上非常多。

如果你才20出頭歲就能買三房，那是不正常。

如果你已30來歲才買間小兩房，那是有點晚。

如果你已40多歲還沒有換房子，那要再加油。

如果你已50歲後都沒任何屋子，那非常慘澹。

普遍大眾約30~40歲購置第一間三房。

比較早早有規劃跟想法的在30歲前就會先買間套房或兩房自住，爾後不久再換大一點的小三房。

換屋大約落在40~50歲住四房的空間。

最終的理想房屋型態落在約60歲左右。

以小換大是一個籌碼概念，即便房子剛好在換屋階段時不景氣，也不用太擔心，因為自住的這大段期間，你所繳還的貸款不是不會回來。而這也是你存在銀行中的錢，在賣屋時一次性回來，繳貸速度越快，也代表存錢的速度也越快，於此循環慢慢累積換得最終房型。

如果這過程中遇到大多頭，不僅換屋可得巨大的價差，還可以讓人生資產膨脹速度更快，除了自住使用外甚至能額外得到更多的現金做另外的配置運用。

以此類推，所以越早買房子，對人生越有利也越有正面的幫助跟效應。若有能力一次到位的話當然更好，但如果不行，也千萬不要對自己有過度的勉強。無論是自備金也好、房貸繳息壓力也罷，要能夠平衡自己與家庭的生活，在選擇承受吃苦與經濟槓桿之間取其中間點，太輕鬆則沒意義，太多就又超出能所負荷的風險。

【房，有買永遠比沒買來得強、早買永遠比晚買來得好、有換屋永遠比沒換屋更有利、早換屋永遠比晚換屋更有幫助。如果無法理解與接受買房購屋跟人生之間有著絕對關係的觀念，除非你是天之驕子、資源雄厚外，否則撇棄不動產等同丟棄自己的荷包與存款。】

投資
非自住

│ #買方觀念 │ 先入不爲主 │

很多人在投資買房時，都會用自己要住的觀點來思考產品的各項關係，除非是很老練與嗅覺敏感的投資好手，不然鮮少人會以市場的角度來做分析，投報率的換算也因人而異。

自住使用，是相當的主觀，依照自己的習性、喜好、認知、感覺等等來判斷是否要選擇眼前的產品，這個過程都會經過思考期，不斷的比較或做功課來確認自己的看法是不是正確的，決定速度通常不會那麼快，甚至還需要另一半或家人來給意見。

但投資就不是這樣子了，因為你對標的的想法與考量不會也不能代表整體市場，而且也缺乏專業的相關知識或不動產經驗，也缺少在投資利益轉換時的風險評估思維。怎麼投資才是划算的，怎樣置產才是最有投報效率的，這都不是自住用的思量。

房地產需要作時間的計畫打算，根據自己的置產週期分以下目的：

1.超短期：
在預售屋一簽好買賣合約立即出售。

2.短期：

在預售屋建構中但交屋前將標的出售。

3.中期：
在交屋後的兩年內以新古屋形式出售。

4.長期：
沒有設定何時出售以滿意價差做目標。

5.超長期：
以收租來膨脹長線房屋價值不出售。

每一種方式，在槓桿運用與資金活用度都完全不同，不動產不建議操作過高的槓桿或太過於投機的必勝心態，越走險棋越貪心風險就越大，而這也會嚴重影響投資回收的效益。

現今台灣社會普遍人人都想賺錢，或只要能引領收入的方式或管道，就會趨之若鶩。尤以在超低利率的時代，房地產也成了金流與賺錢的熱門選擇途徑，雖然有人都會拿空屋率來做空頭議題，但其實這也是一人持有多屋的象徵，房子已經不再是只有住的功能與需求了，以投資動機為目標的看屋族也成了一種剛需。

在現況的銷售市場中，平均以投資為目的的比例也隨著時間過去越來越高，或是暫時住投皆宜先買再說的也比從前多，若是

指標或具有高度品牌力的產品，投資動機數量更是驚人，甚至可達五成以上之多。所以觀念如果還停留在買房子全都僅自住的人是非常狹隘的認知且不符市場趨勢與事實。同理，你想的不代表每個人都會這樣想，你覺得好的也不代表整個市場都會有一樣感覺。

而在經濟的循環與流動中，不動產的確有高度抗通膨的作用，強迫儲蓄與膨脹資產的功能，而投資客又是怎麼形成的？仔細思考，如果沒有嘗過甜頭，又怎會有持續投資的行為？如果沒有賺過價差，又怎會有這種慾望與動機呢？所以投資客並非無中生有，他們全部都是「自住客」而來的。因為換屋也好、因為其他目的需要將房子賣掉也罷，但他們透過轉移資產的過程中也許無意識、也許是有計畫性，但結論都是正面與獲益的，於此開始複製經驗。

今天你是自住客，不代表明天你不是投資客。

今年你是投資客，不代表明年不會多重投資。

自住客買房要想，投資客做決定只要十分鐘。

自住客買房龜毛，投資客要下手總是阿莎力。

因為自住客是被動的，先看了產品爾後思考，但投資客是積極主動的，早就事先做足功課，看房只是確認標的潛力與價錢而已。所以兩者之間相生相息，但意義卻是完全不同。

【新手投資不需要想太多，只要是熱門建案、產品沒有問題、價錢有競爭力，基本上就可以立即下手決定了。投資比的是資訊、選戶、卡位的速度，要減少考慮的時間，就得做好先前的準備與功課。研究的越多，出手的速度就會越快越精準。若是以自住的角度在投資動機上，你只能喝到湯卻永遠吃不到肉。】

房子
無完美

許多人們都會誤解了品牌與口碑建商的定義，認為只要選擇了它們的建案，你就會有個完美的房子。

消費者所希望的百分百主義：

1.絕對不會漏水滲水。

2.施工細節完無瑕疵。

3.建材設備如同預想。

4.五星等級的售客服。

5.建商態度積極無缺。

6.直角的水平垂直線。

7.整潔乾淨不能有雜。

8.各類管道無味無塵。

9.廊道梯廳比照飯店。

10.公設所及美輪美奐。

可以理解無論買的房子是多少價錢，那都是不小的金額，覺得貴也好，便宜也罷，買方的積蓄也許僅能投入這一次，所以必須要換回無可挑剔的產品、居家、環境、領域。

但其實這並非對建築本身上該有的正確態度與觀念，矯枉過正的結論只是讓各方相關人員與自己感到痛苦而已，因為房子都是手工去蓋的，即便再細心，也難保能夠完整無缺。

就算是頂級品牌也都會或曾經發生過負面的屋況，所以追求如此名牌，並非它就能夠帶給你一百分的理想藍圖。那麼好的建設公司或很昂貴的建案價值究竟在哪裡呢？

口碑是需要時間與事實經驗去累積產生的，市場上的口耳相傳，買方之間的互相推薦，是因為受到感動，是因為那種服務精神與對待消費者的態度，令大家感同身受。

換句話說，品牌是長期賣方用心細心且耐心不斷地為已購客解決問題換來的，這一點，永遠是某種無價之寶。

建商可以用很高的成本來建構建築本身。

也可以用很貴的大師來雕琢社區與建案。

也能進口價值不斐的建材設備來做標配。

也可強化在施工細節品質上的所有一切。

但，還是不能保證未來成果是零瑕疵的。

試問，哪一個賣方願意簽署白紙黑字保證不會漏水呢？

無論是誰，無論多大家，無論品牌有多好，都一樣的。

建商都無法擔保產品未來的品質是絕對滿分，但卻可以往解決問題的過程來努力與經營，讓品質不再僅是用於包裝跟行銷上，而是呈現在腳踏實地的結論之中，也建立在消費者的心裡面，設身處地，推己之心。

有些建商，願意建立完全透明的施工過程給買方看。

有些建商，會謹記每一位客戶的生日每年主動送禮。

有些建商，會為了服務來耗費大量資源來建構系統。

有些建商，會特地強化訓練人事來提升售客服品質。

有些建商，會真誠地實現品牌理念原則與將心比心。

有些建商，會在交屋後的所有保固負上永久的責任。

有些建商，會做大建商不願做與小建商做不到的事。

有些建商，會忠於客戶並誠懇內斂與虛心檢討改進。

有些建商，會在問題發生的當下傾全力來為你解決。

硬體，有錢都辦得到，只要售價上市場可以買單就行了。

軟體，有錢都難辦到，因為它需耗費經營者大量的心血。

要知道，為什麼那些特別貴的建商還是有人甘心搶排隊。

因為它賣的不是房子，不是產品。

它賣的是品牌，你買的也是品牌。

投資的是品牌，追求的還是品牌。

這也是個品牌至上的時代，口碑為王，可又有幾家公司做得到，又或是能做的這麼成功呢？

因為只有它，又或是只有少數幾間建商才能有此一著，所以它可以有那種高度的被認同感。

房子如同人一樣，沒有十全十美，我們只能擇其所愛，然後愛其所選，去看它的面，不要盯著那個點，好的另一半善於解決雙方所發生的問題，好的建商也一樣是這麼善於解決買方與購屋之後的所有狀況。

【在不動產的世界裡，房子是不可能完美的，無論你用再多昂貴的代價都無法實現，追求於此的人們反而會讓你買不到房子，為什麼呢？好的品牌你買不起，所以你才會一直嫌棄，才會不斷地在找瑕疵。若預算足夠的話，不如衝一波來試試看那些口碑建商的產品，也許就可以體會理解這篇文章的主旨了。】

租買差異

| #買方觀念 | 金流眞理 |

甚麼人買不如租？

做生意的人，因為他們需要現金週轉，所以若與購屋自備金有衝突的時候，租房子會比買房子划算。

甚麼人租不如買？

一般大眾，因為他們不需要大量的現金做投入性質的生意，所以將收入置產房子在金流上比較划算。

為什麼有些人會覺得租房子比買房好？

1.存不了錢。

2.等房價跌。

3.逃避心理。

4.不想承壓。

所以衍伸出了很多理由與藉口：

當自律產生不了積蓄的時候，連基本購屋門檻都存不到，只好租房。

當房價不斷水漲船高而自己無法認同且不客觀的期待下跌只好租房。

當自己只想看負面媒體或言論且不想去面對買房這件事時只好租房。

當自己把房貸產生的壓力當作一種巨大的負擔且想不通時只好租房。

其實針對買房與租屋來拆分結構，只不過的時間與空間差異化而已。

妥善將時間爭取空間的人是贏家。

不斷白費時間與空間的人是輸家。

買房是將時間投資循環起跑線上。

房東是將空間長放在被動收入上。

時間在於你暫且租屋時的儲蓄效率有多少，存錢、收入、房價永遠都是在跟光陰賽跑的，看誰能追上誰，就看自己如何配置理財效益讓其決定你人生資產的膨脹速度。

空間在於資金水位，也可解讀成通膨或者貨幣的實質價值，它並非常保在固定不變的水平線裡，你可以靠著自己的計畫與思維來爭取它成長的速率，當然也可無視它讓其凌遲你的人生與生活品質。真正擁有正面效益的人們總是清楚透徹這道理，反之若你過得越來越辛苦與無力無奈無助，就得反思檢討。

租房子是件極不划算的事情，就把它當作是一個過渡期吧：

假若每月房租約2萬，它不是你的房子更不是你的資產，這筆是永遠不會回到你手上的開支與花費。

同樣額度的租金換算低利上去，你可以借貸約1850萬的資金，再加上貸款成數反推，如果你使用款限期繳貸，最少可以住上三~五年總價值約2300萬的房子。當然也未必要把槓桿拉到最大，選擇大部分人普遍可以負擔的比例最少也夠買一間首購房型或面積的房子。買房並不難，看自己是否要決定罷了。

再更簡易單純一點來看待好了，每月租金2萬，年租24萬：

你可以買一間約400萬左右的套房。

也可以買一間約800萬左右的兩房。

更可以買一間1000出頭萬的三房。

假設你付得起每月2萬的租金，也絕對負擔得起上述例子。

可是你浪費了十年時間在租房子上面，抱歉你損失了十年租金。

也損失了十年可讓房產增值的機會，讓資產在無形中大幅縮水。

也損失了十年可繳房貸的時間累積，讓存錢儲蓄效率大打折扣。

租房子對於一般購屋族而言是百害無一利，尤以首購及受薪群眾來說根本一點好處都沒有。這是一個賭注，你所執著或主觀的認知若在未來事實之中不會發生與到來的話，那輸的不會是別人，永遠都是自己的人生要去承受它，你不會有太多籌碼與資本能與大環境對賭。

為何有很多人想當房東、包租公婆、或是做起多屋出租者？

因為太划算了，房客像傻子般的去幫他們養房子，在金流上，你所花費的租金是沒有任何意義的開銷，就像把錢丟水裡一般。可房東拿著你所繳的租金來去還給銀行的低率利息，變相加速房東的資產膨脹與儲蓄速度跟減輕他們的槓桿壓力。房東並不怕房價跌，只怕沒房客租賃，可為何都一直能常保某種穩定的出租率呢？因為這世上有很多需要過渡期的正常人跟帶著負面觀念的執著者在這歷史中循環著。

如果要為自己好，請記得：租不如買。

如果要為自己想，請記住：租不如買。

在尚無能力購屋前，你可以先租著堪用，但要積極存錢。

最好盡量縮短租期，能買房子時趕快買，再辛苦都要買。

反之若游刃有餘時，你可以置產來出租，
做個收錢房東。

最好盡量賺取租期，這樣你會越滾越大，
收益放養價值。

拿張紙、拿支筆，如果你現在還是個只租
不買的人，請寫下十個租房的優勢與另外
十個買房的好處。同時也請個周遭身邊只
買不租的人也寫下同樣的內容，然後做客
觀的交叉比對與分析，自然有正解。

【鐵一樣的金流定律，你把錢存在銀行，銀行再把錢放貸出去給別人買房子，或是借給房東購屋
再把房子租給你。所以也等同你現在的房東其實是拿你存在銀行的錢在賺你的房租。你覺得划算
嗎？我是不這麼認為就是了。】

有閒錢
會放在哪？

| #買方觀念 | 不同位階不同腦袋 |

對於許多不認同房地產價值的人來說，可能多數會認為房價是受哄抬或炒作的不實數字，根本不符合人均收入或是他們所認知的房子成本價格，也有不少人會因反對而反對的拿出許多空頭理論來證明他們的觀點，可在事實上，真是如此的嗎？

先來思考一下，每個人不同的收入階段、年紀、家庭狀況、人生、都有著不一樣的思維與觀念，當然也就會造就不一樣的選擇結論或想法。你年輕時的主張，不代表會是你退休後的認知。同理，當你有一千萬的閒錢或是一億甚至更多的游資時，你會如何將資金放在哪裡也會有不同的理財與對房地產的觀點。

為何在社會金字塔中下層與自住需求客層總是難以跳脫那些思想框架？因為收入有限、因為預算有限、因為能承擔的壓力有限，所以只好去尋求可以自我慰藉逃避的理由。

但人性歸一，沒有什麼例外，有錢的人總是能利用手上的資源創造數倍的經濟實力，而沒錢的人就只能抱持著那些悲觀或與事實背道而馳的論點去期待有天世界會為他而轉。

想想如果當你事業有成、家庭和樂美滿、口袋滿滿的時候，總是會有要將儲蓄、資金做配置的需求，那麼你會將全部的錢都存銀行嗎？會把它全換成股票或基金保險嗎？會放任銀行將你的存款都放貸出去嗎？不會，幾乎所有人都有著一貫的選擇：投入不動產，買房子，不管是置產出租也好，投資標的也罷，但就是會把這些金錢數字轉換成資產價值，此外還有更好的選擇嗎？

放眼望去在台灣的有錢人，榜上的富豪們、低調的大咖投資客或地主、顯赫的名門望族、企業家、法人單位、金融公司、還是長期在關注房產的包租公婆、菜籃族、散戶、甚至到一般隨處可見的小資投資客或自住客，哪一個名下沒有房地產？

再看看政治界、媒體界、世襲官僚、政商名流的那些人物，清查出來的財產資訊哪一個名下沒有不動產？

既然如此，為何你要選擇排斥房地產的本質與意義？為何要逃避這樣的真實？為何要認為房子是毒物呢？

何謂閒錢：

當你已滿足了所有生活開銷的基本需求，也滿足了各種在人生上的慾望與目標之後還多餘出來的資金，而那些額外隨時可動用的現金，人們會想著如何將它放大或放得更大。

假設你有著上述般足夠程度的金額，來說說看你會想把它放在哪裡呢？試著回答這樣的問題，同時它也可能會是解決你正在猶豫不決的答案。富者可能因不動產致富、也可能富有後購置不動產。窮者有不動產的需求，也可能因不動產令窮轉富。既然無論窮者富者都需要不動產，那麼你應該要想辦法擁有它。

有億萬以上的人：會買土地。

有億元以上的人：會買店面。

有千萬以上的人：會買房子。

土地帶來了許多本夢比，最慘就保值而已。

店面帶來了資產增值比，最慘就收租而已。

房子帶來了資產周轉率，最慘就套牢而已。

再怎麼慘，只要沒有缺錢，時間結論也總是賺。

再怎麼慘，房子抗跌性高，歷史結論也總是賺。

甚至在許多生意人的眼裡，不動產也總是他們的資產後盾。

也在許多企業法人的眼裡，不動產也都是他們的周轉後盾。

放得越久，其價值空間就越大。

持有越長，其增值機會就越高。

【如果你所假設自己會有閒錢的那天也會買房子，在你現在還尚只有購買自住用的財力時，就更應該要買房子。既然結論都是要買，何不當機立斷的去跨出這一步呢？假若你認同這樣的觀點，就不應該為自己找不肯購屋的藉口。假若你不認同這樣的說法，那麼從今以後都不該再看屋與買房。】

房貸，
不是負債

說來奇妙，很多人在面對購屋這件事，都害怕房貸的壓力，也因為龐大的金額，以至於這些人都把它當作是種債務、負債、背債。

可他們卻樂於做個人消費信貸、信用卡借貸、車貸等等來滿足自己的需求與慾望，而這些借款，人們又不認為這些是債務或負資產。究竟是太缺乏理財經濟觀念，還是不願先苦後甘，無論何者，事實上現今的年輕人普遍金流邏輯都有相當大的偏差，所以越過越辛苦。

信用貸款，一般額度就是平均月收入的20倍，利息5~6%，這金額的用途若不在具有增值效益的投入中，基本上它就是標準的負債。

汽車貸款，新車一落地就折舊7成，不管你貸款多少的額度，也等同你抵押品的價值不具原新車的價錢，基本上它也是標準的負債。

信用卡債，高額的循環利息，在無法自律消費欲望的揮霍上，以卡養卡，用新借來的錢還前面的債務，基本上這也是完全的負債。

在不動產銷售第一線上的經驗，首購族年年都會出現不少這樣的人，對房貸的極不認同，卻在自身上有不少的債務。可這些人又不認為此舉不划算，似乎對他們的人生而言，沒有房子沒關係、但沒有車子不行、沒有生活上的奢侈不行、沒有旅遊玩樂與無意義消費不行。鮮少人實際去計算那無形的損耗有多少，白白浪費掉的時間又有多少，到了眼前真正該必須要有房子的時候，他們才知道自己買不起。

「人不行就會嫌地不平。」

於是乎就出現了房貸是很大的負債等等類似的謬論，把自己的無知跟愚蠢放大到相當主觀的立場，這樣到底是誰得益誰吃虧呢？會是賣方嗎？還是建商或業務呢？沒有資產最終損失的永遠都是自己。

房屋貸款為何不是負債？

1. 房貸利息太少，遠低於產品的增值率或出租收益投報率。

2. 房屋即使中古或折舊，依然還是跟隨著市場的行情在走。

3. 房貸承擔最大的壓力在金融單位，銀行不做賠錢的生意。

4.房貸抵押的價值在於房子的價錢，高效保值還具增值力。

5.不動產被金融單位認列的呆帳與系統性風險的機率最低。

何謂負債？

1.借的錢花費到其他地方。

2.抵押品沒有增值的機會。

3.借款無法轉換收益空間。

4.利息與回收無投報價值。

5.槓桿比例永遠負大於正。

如果你借了100萬拿去消費掉花光了，你就是負債100萬。

如果你車貸100萬落地馬上折舊7成，那你就是負債30萬。

如果你房貸100萬不僅不會損耗且放越久越值錢是0負債。

現在大部分與銀行可作申請的貸款，房貸利息可謂最低。

信貸或信用卡貸款來的現金利息高，要補回正值投報難。

車貸會隨車子開得越久其商品價值越低，還有意外風險。

房貸不僅負擔的利息少，且平均每年成長正數大於負值。

在人生階段的需求選擇上面，總是要做出最平衡的思考。

如果你沒特別需要額外的開銷花費，盡量不要去借貸款。

如果只是要代步，別用車貸買新車，便宜方式取代即可。

如果以上都能理解且自律，越年輕做房貸對人生越有利。

這是一個正與負兩者間的極端拉鋸，所以不同的選擇就決定你未來會走向M型的富有那頭，還是另外一邊窮的那端。

假設平行時空的兩個自己做了不同的選擇性，這比較的結論差異就會非常明顯，也可以當作這是你與同儕間的差距。

A的你，在25歲時車貸了一台雙B入門車，車價150萬，自備30萬，六年利息約20萬，但你的資產在六年後是負140萬，因為這150萬的新車代價最終到你要轉售的時候可能僅剩下20%不到的價錢，換言之你平均一年耗費23萬來享受這台車帶給你6年的代步期。

計算方式為貸款120萬X2.8%利率X6年=20

萬利息。

150萬最後轉賣僅剩約20%的價格=30萬資產價值。

總結為(150萬+20萬利息-30萬餘產)/6年=年均代價。

B的你，在25歲時購買了一間小套房，房車價400萬，自備80萬，6年利息約25萬，但你的資產無論過了多少時間都不會蝕本。以平均年增率2%計算就是淨成長值總價約48萬，租金收益年18萬計算6年共108萬收入，含增值率再扣除利息等同6年資產成長約30%，換算若自住6年的代價是正23萬，如出租轉售收益則是6年正131萬。

計算方式為貸款320萬X1.3%利率X6年=25萬利息。

400萬資本年增率2%X 6年=不動產價值成長48萬。

租金年投報率4.5%=18萬X6年=總計收益約108萬。

總結為(400萬+48萬增值+108萬收入-25萬利息)=成長價值。

自住為(400萬+48萬增值-25萬利息)=自用換算利益轉換率。

一來一往，6年前買車的你與買房的你距離差為下：

如果你買房自住，你的資產為正421萬。

如果你買房出租，你的資產為正531萬。

如果你買車享受，你的資產為負140萬。

兩者相去總差距為561萬~671萬，所以為何M型化的貧富落差充斥在你我的生活之中，因為人們的一個選擇就產生了天差地別的結果，如果不善用自己有限的資源去聰明的放大資產價值，時間消逝過去了之後你的生活就不是先苦後甘，而是先甘然後非常苦。

【房貸永遠都不是負債，假若你現在還認為它給你帶來的是痛苦負擔，代表你還沒有正確的理財概念。假若你現下還正在準備貸款其他的消費事物甚至還不認為那是個負債，代表你將很難會富有。假若你還不醒悟來面對房貸或不動產的價值，那你可能要到下個人生階段才有機會購屋，如此你將永遠失去先機。】

購屋年齡層
在想甚麼

|＃買方觀念｜消費心理｜

年輕的時候，人們不怕沒有得到甚麼。

中年的時候，人們害怕沒有留住甚麼。

年長的時候，人們害怕會失去了甚麼。

所以各種不同的社會階層，人生階段，社會地位，都有著不一樣的消費想法，當然在購屋這件事上，也不例外。

首次購屋，想的永遠都是多餘的擔憂。

首次換屋，就不會再這樣的優柔寡斷。

二次換屋，普遍都是快又狠準的決定。

如果你還沒有房子，就別想著一次到位，因為每一個人都是循序漸進，而且如今你所喜歡與考慮的產品條件，都不代表十年後還是如此。

如果你是自住需求，就別想著未來脫手率跟好不好賣，因為你不是投資目的，到了需要賣的那一天，自然會有當時的市場機制決定狀況。

如果你現正在看屋，就別吹毛求疵要求不符實際的完美細節，因為大部分首購都有經濟預算的限制，你還沒有入手優質高等房子的資格。

如果你還不怕沒有得到甚麼，就代表你還不了解房地產的定律與經濟循環跟理財觀念，所以你可以很無所謂的講著買不到也沒差的廢話。

第一步，永遠都是困難的過程。

害怕與擔心，也都是買房需求決定上的矛盾理由。

過度的透明資訊、網路論壇、閒言閒語、都會無形加劇自己負面的那種思緒泉湧，反而阻擋了很多可以進場的黃金時機，甚至是漂亮的產品。

人們也都總是在事後才在後悔與檢討當時的愚蠢。

建案賣完了，建商熱銷快速，市場價格又更高了，房子又漲價了，新案條件沒這麼好了，總之你的考慮跟猶豫，都在無形之中拖累你的人生。

常會聽到買方、消費者這麼說：

1.早知道當時就別想那麼多。

2.早知道就買個幾戶來投資。

3.早知道就相信自己的堅持。

4.早知道就不應該猶豫不決。

5.早知道就在當時下定決心。

6.早知道就應該衝動買下去。

7.早知道就不該顧慮那缺點。

8.早知道就別聽旁人的耳語。

9.早知道就應該勇敢拚下去。

10.早知道就不該聽Sway的。

「早知道」，成了首購族最常掛在嘴上的話。

看了一年還沒買，也是不斷地在喊「早知道」

看了五年也沒買，更是不停地在講「早知道」

看了十年不敢買，當然就有更多的「早知道」

「早知道」，已經成為了首購人的好朋友了。

因為你們不怕沒有得到甚麼。

因為你們還未到進階的過程。

因為你們還尚沒有那種觀念。

因為你們還不夠了解不動產。

早知道有甚麼用呢？

早知道完全沒有用。

如果你正期待自己會看到更好的，事實結論通常會往反方向實現。

如果你以為房價還有下修的空間，事實結論通常會令你大失所望。

如果你還在等待更優質的好建案，事實結論通常會讓你無力購買。

簡單一點不是更好嗎？

單純一點不是更快嗎？

【當你在猶豫的時候，代表那個標的該下手了，因為沒有喜歡，就不會進入這層思考。如果不跨出第一步，如果不夠勇敢，你將會與「早知道」成為好朋友，當然也就增加了許多人生風險，因為沒有站上第一階，就不會有跨入第二階的籌碼。】

有預算
就買品牌吧

| #買方觀念 | 好口碑需要代價 |

一分錢一分貨,是房地產建構成本的鐵則。

何謂一分錢?

土地代表著好地段。

營造代表著好建材。

服務代表著好品牌。

品質代表著好口碑。

這些種種的一切,都是需要金錢與資源去架構起來。

所以為何在購屋之前,衡量自己的預算是很重要的看房前提,因為它才能幫助你決定到底可以選擇甚麼樣的產品與標的,也可以為你過濾該如何決定自己的需求方向。

人們總是想著要俗擱大碗,東西品質要好,價錢要便宜,這是非常不切實際也不符常理的要求,因為價格總是反應建案的基礎成本水準,賣方不可能實現買方的理想。

邏輯往上推:

便宜的土地怎麼可能會是蛋黃精華區?

便宜的造價怎麼可能會是有感的建築?

便宜的服務怎麼可能會是很好的品牌?

便宜的品質怎麼可能會有佳評的口碑?

如果你的預算有限:

請勿期待自己能買到市中心。

請勿期許自己能買到好房子。

請勿渴望自己能得到好服務。

請勿幻想自己能擁有好品質。

市面上的建案琳瑯滿目,每一個產品都有它的特色與特質,也針對賣方所設定的客層主力各有千秋,但無論如何都離不開成本理論與投報效益。每一個賣方也都各自有自己主張的經營策略與推案布局或文化,要怎麼買到一個被大眾所公認的好房子,就是提高別人買不起的預算。

好東西不存在著CP值。

高CP值不會有好東西。

如果你的預算充足,無論是自備資金或是總價預算還是每月還貸能力都非常高,那你自然會跳過大眾化的產品,如果有這樣的條件,那麼你應該往金字塔頂端做選擇。

一線的地點,單價沒問題。

一線的建築,總價沒問題。

一線的品牌,付款沒問題。

一線的口碑，現金沒問題。

相反地，如果這些都是目前現況你購屋上的難處，就必須要有退而求其次的觀念與思維，先求有、再求好，循序漸進是很正常同時也是很重要的看屋邏輯。也別說買方要如此，建設公司在剛起步或資本與規模尚不足以建構高品質建案時，也是同樣從小做起，這道理是同出一轍的。

建商從蛋白區開始蓋，如同你從蛋白區開始買。

建商從首購宅開始做，如同你從小坪數開始買。

建商從基礎累積服務，如同你從小公司開始買。

建商從無口碑經營起，如同你從低單價開始買。

賣方深知羊毛出在羊身上的道理，多數也都會有自知之明，雖然沒人會嫌棄自家產品，但多少也會認同在還有那個實力以前，別妄想去設定高單高總價的規劃設計。

可買方因為立場不同，也非專業人士或有相關經驗，多數無法體認這樣的概念，他們總是要馬兒好又要馬兒不吃草，在買不起的時候又深怕被看不起而不自省預算。

看房子不用錢沒有錯。

沒錢去看房子也沒錯。

買好房子要便宜不妥。

沒錢想買好房子不妥。

每個人都有嫌棄與評斷的權利，但請先衡量自己是否能負擔得起相對應的產品或建案，再來做批評與打分數。

你可以很客觀的來看待一流的建案，即使它遠超出你的購買預算，但你不能因為自己無法負擔而嫌人家太貴。

如果你買得起或買過賓士，再來品頭論足吧。

如果你買不起也沒開過它，其實沒資格審斷。

【換位思考、將心比心，是為了更和諧與更順利的消費過程，千萬不要因為預算的不足而殺價，也千萬不要因反對而反對來議價，更不要因為想要撿占人便宜來拔對方的毛，這都不會是一個正常健康的買賣心態。無論是買甚麼商品，甚至到只有數十數百元的民生用品，不都也是一分錢一分貨嗎？為何要特地對不動產有不同的標準呢？】

寬限期

| #買方觀念 | 居住槓桿 |

房貸都有利息，而每月繳貸金額是包含本金與利息的總和，寬限期則是銀行為寬鬆貸款者的壓力來設計的配套措施，意指在某個期限以內，你只要繳利息暫時不用支出本金的部位，可大幅度降低每月要給銀行的錢，當然如果這是用作在其實手頭並沒有很緊的人來說，就是種金流槓桿的運作，如何將它的效益放大到極致，也成了一種購屋技巧。

在景氣大好的時候，寬限期一般是兩年，再者條件狀況良好者可再延展一年，而現況銀行為了更充裕的貸款業績同時配合經濟時局，目前寬限期可以調控到五年，這時間差異性對貸款者來說具有絕對的優勢。

假例貸款1000萬，利率平均1.5%計，每年約15萬利息，而本金占50萬，如果本息一同繳納，則是65萬。但若使用寬限期，則只需要負擔利息的部分，這在支出的數字來回差是近4倍餘，相對這些暫時免去本金部位的數字，也等同你可將其用到其他穩定的地方來投資理財做收益。

房子有人這樣買：

A：入住五年期間全數僅繳納利息，寬限期快結束前另尋下一個建案來搬家，重新再循環，雖然這過程沒有繳還到半毛本金，但五年的時間這房子有絕大的增值機會，再換下一屋時甚至還有價差可賺，以此來不斷換新的空間、地段、社區，等於利用銀行來讓自己的居住成本降低。

B：同A者但更換的並非不動產標的，而是轉貸銀行，雖然中間會提升手續費等額外支出同時也比較麻煩外，但可以更有效率的直接延續更長的寬鬆時間，這也是許多資產者與投資客在房地產配置上的常見手法。

C：自住者在使用寬限期時盡速積蓄一筆錢，透過時間累積到一個程度，直接繳還較大部位的本金在申請重新計算貸款利息，藉此善加利用這個措施大幅度降低而後需要繳納的每月本息攤還金額令自己更輕鬆。

D：投資者以寬限期來爭取養房子的時間，用最低的負擔成本來度過房地合一稅的持有年限或出租來賺取正向的

收益，時機到了就出售賺價差。

E：某些可提供超低優付的建案，自備金
　　賣方借你，而使用寬限期來平衡給銀
　　行的利息加上分期攤還給建商的部
　　位。買方在支出意義上等同沒有寬限
　　期，一開始就是本金攤還，當銀行寬
　　限部位到期時欠賣方的款項也跟著還
　　清了，如此可以將購屋自備款降低到
　　超過市場行情的比例。

上述實例概論：同以貸款1000萬為例。

A：入住五年共計繳15萬X5年=75萬利
　　息，但換屋的價差是遠大過於居住成
　　本，等同免費換新房還可以賺到利
　　潤，且每段寬限期都能再次換房。

B：同上述的年均利息支出，但可以爭取
　　到更多的寬限時間來做換屋輪替。

C：假使自住者每年淨存100萬，你可以
　　積蓄五年時間總淨存500萬，寬限時
　　間到時直接將此筆金額繳還本金的部
　　位，而後本息攤還僅以剩下的500萬
　　來計算即可，如此就能省下一半的每
　　月繳利空間降低還貸壓力。

D：如出租現金投報率為3%，五年共計

15%收益，扣除掉寬限利息還可淨收
入75萬，同時還可規避出售時需要負
擔的房地合一稅，用租金來養房避稅
兼收租並可保持自有現金水位產生四
贏效益，投報率極大化。

E：現況建案標準貸款都在8成，超低優
　　付是指預售屋賣方只收你5%自備金
　　到交屋，其餘那15%就以建商配套措
　　施來借貸給你。交屋後銀行那8成房
　　貸就以寬限期來只繳利息就好，而剩
　　餘跟建商借的他們會拆分三或五年期
　　來攤還，大多會將那月付金額計算到
　　與你該還銀行的本金差不多，刻意將
　　其設計成等同你每月該付的本息攤還
　　金額，待你的寬限期到時也只不過是
　　把還款對象從賣方變銀行罷了，但你
　　卻擁有房子了。

寬限期是一個手段，也是種方法，但在要
買房子時，無論想參照何種案例，都不可
過度使用自己無法負擔的槓桿，否則將得
不償失。有足夠淨存財力的人，才有資格
去思考更多元對自己有利的金流方式，但
不代表買房子是不需要負擔任何代價，也

不能有貪心的慾望，因為不動產到最後得
要以實際脫手才是獲利了結，在不知何時
可以順利易手之前，都是在燒本錢的，如
果沒有預算後盾的心理準備就不可貿然嘗
試。

【經濟之所有能夠創造富者，是因為總是有人可以鑽研出很划算的方式來以物易物，即便那是
無形的，這也都是種生意。手頭上的資金有限，如何將這些資產放大，借力使力，不管是投資
也好、自住也罷，其實每個人都該花更多的時間來了解，除非你對購屋與不動產一點興趣也沒
有。】

買房
非兒戲

後悔，是一句簡明扼要的單詞。也是一種承認自己的錯誤，不管那是選擇上的問題，又或是自我判斷的失算，都應該要自我面對且必須坦蕩。說起來很簡單，做起來卻又不是那麼容易。

先撇除掉賣方的問題，買房子是一個成年人的決定，既然如此，又為何不能對自己的承諾負責呢？又為何在買了之後會有各種的後悔呢？又為何會有那種反正吵一吵就能拿回購屋款的幼稚又任性的想法呢？只有小孩子才會有反悔就哭著要糖吃的行為吧？

眾所皆知，買房子因為消費金額大，所以不應該是一個可以因為衝動就買下去的產品，假若你已經在先前都做好完善的功課，又或是對於一個好地段又熱門建案有著必買的決心，甚至連買房子的錢都準備好了，那麼你就有資格馬上去做決定。但若非如此，有些人可能還不知道自己有多少預算，或是還不清楚口袋能拿出多少錢，還是天馬行空的自以為能短期獲大利，又或是過度樂觀與投機的心態，更甚者貪心的人怕好單位都被搶光乾脆自己亂

訂一堆房子，上述種種的你是沒有資格可以當下決定購買的，因為你只是暴露了自己的愚昧又造成了許多賣方或其他真正想買房者的困擾罷了。尤以在近年資訊過度氾濫爆炸的市場局勢，一堆自住客、投資客、沒經驗想投資與想賺快錢的人，看到排隊滿滿的熱頭，就無腦也跟下去了。導致這種預約期的退單率高得嚇人，在幾乎不用付出任何代價跟風險的狀態下，還有不少消費者是到處天南地北的建案都去下預約單呢。

買賣雙方都會有著雙向都要對彼此帶著信用與誠意的希望，買方不想遇到會出爾反爾與說話不算話的賣方，當然賣方也不想遇到同樣是如此的買方。然而這也算是所謂的承諾，所以如果買方沒有這樣的認知，也意味著賣方也不需要為你負責，相信這並不會是一個健康的交流方式與溝通結論。當你想反悔的時候，也要試著換位思考一下，如果你遇到了像自己這樣的買方、客戶、消費者時，你會有多困擾，又會有多麼地不滿，自然心中更會有對人的埋怨。

無論是要買甚麼東西，都應該秉持著人與人之間的尊重，即便再有財力、預算再高，也千萬不可以有那種出錢是老大的錯誤態度與觀念，縱使對方很跩或目中無人，那也與消費者自己該有的禮貌無關。建商跟代銷的失態，時間會令他們的品牌與服務觀感口碑慢慢失去水平也會失去市場的支持，你也有權利跳過或不買這樣的品牌與建案，但是如果你失去了買方的信用與誠意，真到了關鍵時刻或機會，你又要拿甚麼籌碼來讓賣方要把你擺在心中的第一位呢？

在消費爭議的排名上，購屋永遠也一直都是第一名，似乎對一個老練的賣方與第一線業務，早就已對此案例有著身經百戰的經驗。面對動不動就反悔、後悔的買方，甚至簽了約，付了訂，把醜話講在前地一講再講，也都無效。因為有太多且複雜的因素來干擾可能已經做了決定的消費者，這種行為說穿了，根本不會有賣方會同情你的理由，因為那些毫無誠信後續的所有對話，它全部都是藉口，為了要將那些已付的款取回，無所不用其極的手段在所難免。

賣方也需要應盡該有的職業道德與在行銷跟包裝上的踏實，話術與欺瞞的意義是天差地別的，技術與說謊更是截然不同的動機。如果你為了業績為了將房子售出而蒙蔽在產品上的事實，造成爾後的摩擦與爭議，那麼你也該付出相對應的代價與責任。買賣與交易，一個巴掌拍不響，假若消費糾紛老是發生在某些人還是某些建商建案上，那就代表這個賣方有很大的問題。真正的誠信商人，是寧可有利益上的損失也不願冒任何可能會被破壞信譽的風險，但往往很多賣方，卻是反其道的寧可被罵也不可能退讓半毛來維持收益率。

如果你希望受到無論是來自何種賣方的重視，請謹記：

買房非兒戲，決定不該任性，購屋不該隨性。

誰去排隊，不關你的事。

誰賣得好，不關你的事。

哪賣得快，不關你的事。

唯一關你的事，就是要想先清楚再做決定。

唯一關你的事，是要徹底明白自己的需
求。

唯一關你的事，是下定決心後就不再變
動。

【懂得換位思考的人，在任何立場上都不太會吃到虧，因為你將受到尊重，在購屋上，你也會是
個受到賣方所看重的人，因此你可能比一般人有更多的甜頭機會或有更多可以幫你解決相關問題
的人脈。反之你若與大眾一般是只想占盡對方便宜的買方，說出的話或已承諾之行為都當放屁，
那久而久之你也將無法得到相關領域的任何協助或資源，只能好自為之。】

猶豫，
就是該決定的時刻。

│#買方觀念│果斷成就夢想│

買房子猶豫，是正常不過的事情，但它同時是扼殺你機會的關鍵，因為可能會錯過價格比較低的階段，因為可能會失去比較喜歡的格局或樓層，因為可能會喪失入手好地段好建案的契機。

積極與消極、衝動與保守、乾脆與謹慎、果斷與躊躇，全都是一線之隔，這時候選擇這件事就成了人跟人之間的差距。

當你消極時，有人正積極著。

當你保守時，有人正衝動著。

當你謹慎時，有人正乾脆著。

當你躊躇時，有人正果斷著。

市場之中，兩邊不同決定了人形成了拉鋸，一個建案與社區之中，往往都是幾家歡樂幾家愁。早買早享受，晚買想得多，當正面一端的力量遠大過於負面的一邊，就會產生價量齊漲的效應。反之若景氣與環境不理想，反面一端則就會令其銷量降低或不佳。

如果不太能理解，可以這樣思考：

假如這一戶同時有10個人在看，8個人可以馬上決定，2個人考慮。此時這猶豫的人則直接被出局，剩下的8人來競爭出價，因此最後成交的價錢大於原本所預期的定價是非常普遍也相當正常，可這2人可能還在狀況外，等到考慮有結論時，才發現早就賣掉了。

假如這一戶同時有10個人在看，8個人都要回去考慮，2個人可以當下購買，這時賣方可把握的成交機會就少了，因此必須要全力以赴，甚至為求一賣，可能也會釋出更優惠的牛肉。此時你的猶豫雖然不至於有買不到房子的風險，但其實你也錯過在低點可進場的好時機，考慮週期越長，也不見得再回頭時房子還會在那等你。

因此結論只有兩個：

1. 猶豫跟考慮，不會為買房帶來實質幫助。

2. 猶豫考慮後，通常都不會占到任何便宜。

多頭環境的景氣，猶豫只會為你帶來更多的代價去做同樣一件事。

空頭低迷的氛圍，猶豫只會讓你損失更多可以談判的空間去買房。

所以，「當你猶豫時，就是該做下決定的時刻。」

因為如果你沒有任何喜歡或滿意，是不會進入猶豫的階段，但因為對於衝動購買而產生許多的心理質疑，是很正常的消費心理邏輯。況且購屋金額即便再便宜都是筆不小的金額。如果買錯了怎麼辦？如果買貴了怎麼辦？如果買了被親友同事嫌東嫌西怎麼辦？如果建商賣方後續服務態度不佳怎麼辦？如果房子有瑕疵怎麼辦？如果自備後續款存不起來怎麼辦？如果貸款月付額繳不出來怎麼辦？

假使你沒有進一步想擁有的打算與想法，通常人是不會有後續這些煩惱的，就因為你心動了，才會東想西想。往往奇怪的是，既然你有這念頭，又為何要猶豫呢？又為什麼要躊躇考慮呢？

也許這是一個沒有答案的問題，總之遇到了，就又會陷入這樣的循環，對一般人尤其首購族而言，似乎沒有經過考慮與猶豫就做決定是一件天大的錯事，缺乏經驗的人很難突破這框架，反之經驗豐富的消費者，卻可以帶著快狠準的判斷力迅速秒殺決定。

能在危機勇敢入市的人畢竟少數。

能在心動當下簽單的人為數不多。

猶豫後跟猶豫前的決定其實是一樣的。

考慮後跟考慮前的決定也還是一樣的。

經過猶豫與考慮並不會改變購屋的本質與買房的需求，但會影響到能否在第一時間或在黃金期內買到自己所喜愛的標的、建案、社區、地段、品牌、戶別，決定本身並不難，難的永遠都是突破自己沒接觸過的那個心理障礙，如果想要提早跨越這道牆，你需要的是勇氣與果斷，跟面對自己與周遭人該有的獨到看法跟選擇。

在市場第一線上，見過數不清因為猶豫考慮而後懊悔的消費者，卻很少會看到因為衝動而反悔當時決定的人，這兩者間的比例差異甚遠，是不是可以解讀成：在購屋上慣性猶豫跟慣性衝動的人前者是否不僅發生率高且也是比較吃虧的呢，而後者卻大多可以在不動產上買到自己滿意的房子甚至抓到投資進場的好機會。同時，前者也因此在無形的資產上是負值的損失，但後者卻是正值的，這兩個正負之間相互來回的距離差就是兩倍以上，如此你還會當前者嗎？

【還要猶豫嗎？不好吧？還要考慮嗎？不妥吧？其實你該猶豫與考慮的是自身購屋的條件跟預算，並非在產品本身。買房子不宜也不該勉強，需量力而為，做好相關的功課並盡量深入研究，清楚明白自己所想要的條件，當這些都符合且也有喜歡的時候。猶豫，就是決定的時刻。】

不用去想
誰買得起

在每一段時機的背景過程，無論當時房價行情如何，總是有數不盡的消費者都會有此一問、有此一思、有此一慮：

房價這麼高誰買得起？

聽到了又破高的新建案價格：

這誰會買阿？

聽到了創新高的中古成交價：

哪負擔的起？

看到一次比一次還高的行情：

到底誰在買？

看到熱潮與不斷完銷的市況：

這是真的嗎？

人們總是對自己無法去判讀的資訊產生疑惑，產生主觀，產生以自己的眼界看世界談大眾的結論，無法接受的人會說那是假的、那些是賣方編造的、實登也是假的、成交資訊也還是假的、所有一切的一切，都是假的，只有自己不想去面對房市與行情的鳥龜心態，才是真的。

何必去想誰買得起誰買不起呢？

每個人的需求背景、觀念、理財態度、家人、地段依賴、工作狀況、收入或投資配置、人脈圈、成熟度，等等的所有都不相同，又能如何單以自己的角度去看待所有人都會跟你一樣呢？身為購屋買方立場的自己，不過是這市場中的蒼海一粟，單憑一己之力，又能決定甚麼？

在網路上抨擊炒作、還是逢人就唱空房市，就能夠影響甚麼嗎？別傻了，買房子從來都跟別人無關，永遠都是自己的事，也永遠要對自己負責，難不成你的好友買了房、買得起房，就要跟他們絕交往來嗎？

別人買得起房子，不關你事。

親友買了新房子，不關你事。

同事買得起房子，不關你事。

網友買了很多房，不關你事。

反之同理：

你買不起房子，與他們無關。

你不想買房子，與他們無關。

你買了很多房，與他們無關。

對於整體市場要有個基本邏輯，大部分的人沒辦法徹底了解整個市況，散戶都是被動關係，在資訊獲取的速度也總是在最尾端的，縱使再如何努力做功課都無法改變不是同業人的事實，究竟房子是好賣不好

賣、價錢賣得漂不漂亮能否創高價，只有第一線的人才最清楚，也只有常態在市場的公司才有完整的數據，所以千萬別自以為很理解。

把購屋這個過程單純化吧，把買房子當作快樂的事吧。

無論是新建案、還是中古屋、還是朋友的房子，總之你看了很喜歡，家人也支持，預算可以接受，室內空間面積與地段符合需求，其實就可以決定了，想那麼多，價錢也不會掉，市場也永遠不會繞著你轉。

把重點放在自身上，也許此時此刻的你是第一次購屋，有很多無法理解的狀態也是因為缺乏買房經驗所致，這是一條線，跨越過去了以後，慢慢地自己也會知道這樣的循環邏輯，如同人生各種第一次的決擇一般，總是會讓人帶有著些許恐懼與不安，假若無法克服這些心理狀態，輕則會不斷喪失許多可以入手自己喜歡標的的黃金機會，重則過了若干年後越來越無法接受房價行情導致真的無法買下去或負擔。

回歸原點，當價錢上升時還有熱絡的成交資訊跟氛圍，不會是空穴來風的，賣方也不會那麼無聊去封掉你喜歡的房子不讓你買。為何在多頭市場時消費者會不斷被壓縮考慮時間，因為氣氛影響的是所有人，不單單只有你，這時候價錢反倒不是一個會被關注的重點，能不能買到房子才是許多買方最擔心的事，也深怕一個案子或目標隨著時間過去後賣方又加價，又或是下一個新建案與釋放出來的中古屋會更貴。

當你買不到房子的時候：

當你搶不到房子的時候：

當你手上沒有房的時候：

那些多慮，有甚麼意義呢？到底那些誰買了哪裡、誰的成交價又貴又高到底誰會買、誰買了多少房、誰買不起，其實真的一點都不重要。

務實一點，如果自己不喜歡眼前的建案，就跳過吧。

簡單一點，如果自己買不起眼前的標的，就跳過吧。

乾脆一點，如果這不是自己需求的東西，就跳過吧。

不要做一個會讓自己不開心的決定。

不要做一個會提心吊膽不安的選擇。

從一百個人的嘴裡，不會得到一個比心裡
深處慾望還嚮往的答案。
無論房價再多高貴，不會比手上擁有一個
甜蜜的負擔還更有意思。

【千萬不要害怕購屋，也不要害怕價錢，再貴都有人會買單。任何的消費品都是如此，房子是最
大金額的需求品，當然大家都會介意市場是否能夠支撐，但相對地如果剛需能夠仰賴貸款來稀釋
負擔壓力，其實也沒有甚麼買得起買不起的問題，最終唯一的問題只有你到底要不要買而已。】

肆

賣方
觀念。

『業務比的是甚麼』

『技術、技巧、技能』

『業務基本動作』

『建商是服務業』

『業務』

『建材的意義』

業務
比的是甚麼

|＃賣方觀念｜修心養口｜

做業務的，無非是想賺錢，賺快錢，賺很多錢。

想做業務的，無一不是為了賺錢，為了賺大錢。

而在事實的世界中，時間都會有著千古不變的結論。

當你為了錢進來，最終也會為了錢失去，也許你可以賺到錢，但沒有成熟跟進化的心態與人生觀，最後轉了一大圈又回到原點的人可為十之八九，在不動產業裡更是如此。

初生之犢時，為了業績獎金拼鬥那些很表面的東西。

而立之年時，為了生活開銷煩惱著該怎麼生出業績。

不惑之年時，已被職涯制約了自己的理想忘了初衷。

半百之年時，有錢沒錢似乎也不過就是這樣子而已。

很多人有數十年的資歷，卻還不知其專業內涵的深度。

很多人有數不清的經驗，卻老是不斷犯著同樣的錯誤。

財富的誘惑、生活的壓力、經濟的開銷，時常會令人性變質，也會引出最原罪的自己，更會帶出那心裡深處最黑暗的那一面，所以業務要比的，從來都不是業績或競爭力，更不是比那些名片上的職稱或年紀。

在甚麼都沒有的時候，懂得學習與吸收，不是賺錢。

在基礎已成形的時候，懂得謙卑與內斂，不是賺錢。

在能力上軌道的時候，懂得潛沉與布局，不是賺錢。

在努力有結果的時候，懂得低調與讓賢，不是賺錢。

在功成有名就的時候，懂得分享與提拔，不是賺錢。

其實有很多比賺錢更重要的事情，可人們總是追逐名祿。

權力讓人迷失、利益讓人盲目，更會養出負面又恐怖的心態，更甚者會讓自己的言行出現偏差。

為什麼見不得人好，為什麼容易排強忌能，為什麼勾心鬥角，為什麼惡犬相爭，

這些都是業務與不動產圈很常見的很多沒有意義又浪費時間的人性常態。

錢，是萬惡之源，它不是萬能的，但沒有它卻萬萬不能。

對有器度與遠見的人而言，財富不是動力，而是工具，因為它能夠解決大部分的問題，這個邏輯是：

巨人會以財養富，小人卻為錢而生，前者不會因利失去自我，後者卻會因利成為無法自拔的百變人格。

如果現在的你是身為一個業務，請記得：

臣於利益條件，最終敗於利益環境。

追於少勞高祿，最終敗於安逸怠惰。

驕於一時之順，最終敗於高調跋扈。

攻於勝負心計，最終敗於不如天算。

傲於地位成就，最終敗於人心盡失。

賺錢，只是為了吃飯，為了最簡單的生存。

它可以滿足我們的理想或夢想，但卻不是人生的唯一之道，為了收入庸碌與勞苦，只是一個過程。

它帶來的應該是從中學習為人正確的態度與精神，應該是人們要掌控錢財，而不是讓錢財掌控你。

業務要比的應該是：

認真努力，是基本的。

深思熟慮，是養成的。

能力內涵，是培訓的。

經驗歷練，是磨來的。

正大光明，是種原則。

堅忍不拔，是種毅力。

低調謙遜，是種智慧。

強而不驕，是種心性。

成而不傲，是種遠見。

如此才能走得又遠、又穩、又紮實，也能精彩業務的一生。這個工作、圈子，比的從來都不是誰很厲害，誰很會賣，誰業績很好，誰很聰明。反之最後能生存下來且不斷轉型進化成功的，才是贏家。

【業務如果做了十年以上，還是業務，這需要思考自己的問題在哪裡，因為它考驗的並不只是工作領域，還是個人的家庭與人生經營。一份辛苦又無法自主的勞力工作，卻長期無法擺脫，除非是種甘於其中的興趣或打發時間，不然這些都是自己沒有進步的證明。同理若是相同的職務幹了若干年還是如此，其實你也不過只是一個工具人罷了。】

技術、
技巧、技能

| #賣方觀念 | 摸模磨魔 |

技術：

指的是專業的熟能程度。

技巧：

指的是專精後巧妙運用。

技能：

指的是專職領域的基礎。

三者之間，各自不同，也是完全不一樣的能力範疇。

三者兼具，才能發揚光大做到屬於自己獨有的路線。

三者兼缺，通常就只會剩下一張空洞的嘴來論長短。

以代銷包裝與行銷策略的立場而言：

技術可以為整體案場帶來加分順銷的機率。

技巧能夠炒熱買氣與強化市場氛圍的觀感。

技能用作完善銷售工具與通路配置的基礎。

以業務基本動作與態度的立場而言：

技術是如何在銷售過程中刺激客戶購買慾。

技巧是成交關鍵與能夠解決買方所有問題。

技能是介紹流程中與個人服務精神的基本。

摸索：

探尋著職業與工作範圍的深度內涵。

模仿：

試著學習揣摩各前輩與先進的表現。

磨練：

不斷受挫再爬起來以此做成長迴圈。

魔鬼：

嚴厲自律要求自我並更精進於能力。

每個人都有著不同的特質與個性，反映出來的結果都會非常的不一樣，沒有標準，也沒有定論。

有技能，不代表具備技術與技巧。

有技能兼備技術，不一定有技巧。

有其一不見得也能擁有其他兩者。

有其二也不一定能有著三者全能。

完美需要付出代價，辛勤且勞苦，會犧牲掉很多自己與陪伴家人的時間、會失去很多出遊去玩的機會，也會無法滿足自己對於生活上的理想或喜好。

這些培養，要根紮得深，立得緊實，站得

安穩，並非只是做得夠久就能得到那麼簡單，它沒有終點，也沒有極限，更沒有結束畢業的那一天。除非你轉行，除非你被景氣與環境擊敗，除非你完全脫離不動產的世界，否則它將一直跟著你。

所以，如果沒有把握時間充實它，那麼若干年後，還是很難可以盡善於自己的實力與產值。

有的人會認為：

這個案子操得好，所以我懂了。

這個案子賣得好，所以我會了。

這個案子搞很紅，所以我行了。

這個案子第一名，所以我夠了。

實力，不是曇花一現。

一次的成功，不是強者，只是考驗的入場券。

十次的成功，才是贏家，也能夠明白得更多。

成功率低的勝利者，會急於高調展示自己難得的成就。

成功率高的生存者，會莫名低調忽略自己累積的成就。

人的成長不在於外相的表現與成績，那只是個獎盃罷了。

我們都得從這些無獨有偶的僥倖順利來學習與檢討更多。

技能是基礎，然而它並不會因為你入行十年就有上限，若還能懂得無時無刻都在強化自己的根基，那發展的彈性就越大。

技術是專業，它不應該因你有著可觀的經驗歷練就該停滯學習，無論你已經有多高的職業地位，這種專業深度是無限的。

技巧是眉角，熟能生巧，巧能生妙，妙能生絕，絕能生神，勤能補拙。話術也好、談判也罷，它到你退休都還沒個底。

【這是一篇自己對於本行觀感的單純分享，也希望能透過這些文字來激起每一位同業者與自我的對話，究竟辛苦地沉浮在這大海之中，我們追的是什麼，要的又是什麼？是金錢利益，亦或是權勢名位，我們又能有著相對應同等報酬的實力並論嗎？是景氣救了我們，還是我們拉了景氣一把？】

業務
基本動作

| #賣方觀念 | 敬業 |

做為銷售與第一線的基本動作,指的是一種工作態度,不外乎你是第一名還是吊車尾,又或是超業還是菜鳥,這都是不能被忽略的精神。

業務,是服務業,也是經營個人品牌的微型事業,賣的不只是產品,更是技術,也是種角色扮演,若在這個領域之中凡事都當作成理所當然,你不尊重這個工作,自然成績結論就沒辦法太理想。

通常在不動產銷售的職場上,看的並非你口才有多好或經驗有多豐富,更不是過去的戰績讓你有多驕傲,當然也不是你的年紀。這些,都不會比「態度」還重要,因為業務是個相由心生的工作。

別以為你的業績好,基礎該做的事就可以不用做。

別以為你的經驗深,就可以對客戶買方為所欲為。

別以為你很會講話,就可以輕佻放肆的目中無人。

別以為你的年紀大,就可以趾高氣昂的倚老賣老。

為什麼不得客戶緣,必須要從頭到尾的自我檢討。

為什麼不得長官緣,也得要認真檢視自己的態度。

為什麼不得同事緣,得需要反省自己敬業的程度。

業務,是以人為本的工作環境,同時也是面鏡子,更是把雙面刃,我們是個求結果論的性質沒有錯,但正面的成績卻並不代表一切:

能否做出業績,是第一步。

如何保持業績,是第二步。

如何創造奇蹟,是第三步。

很多人在第一步前,就陣亡了。

許多人在第二步前,就凋零了。

更多人在第三步前,就麻痺了。

為什麼呢?

因為輸給自己,敗給自己,但往往人卻不自知或不想承認。

你的任何語言跟行為,都代表著你的心靈,再怎麼隱藏,都無法徹底內斂那顆心,除非已經將自己的思維與智慧進化超齡到與人生觀同步的階段。

簡單的事重複做,就是行家。

基礎與基本同理，砥礪激石。

越是厲害的人，你越感覺不到他的凌厲。

越是成功的人，你越感覺不到他的高度。

若是你因為一點成就，就拋棄了每天該做的事，那你曾經的努力，很快地就會被現實的世界擊敗。

再多會賺錢，也終將會有花光的那一天。

再多會賣房，也終將會有為止的那一刻。

唯有平常心去看待自己的一切，得失之間的淡然，積極與消極之間的平衡。漠視那些把你抬得很高的虛榮，無視那些你曾沒感受過的驕傲或果實，這種種與全部，都只是那宇宙中的一小點而已，別放大你所擁有的，把那些須彌都放進屬於自己的芥子中，深耕腳下的田。

相信嗎，只要一個眼神就足以能把你給出賣了。

你敬業嗎？你足夠敬業嗎？你值得被自己的工作所尊敬嗎？你周遭所遇到的人會真心尊重你嗎？

如果你有完善與紮實的基本動作與業務態度，你所有的未來都不用太過擔心。時間與機運的問題而已，但人和因素若自己無法掌控它，你將過得又累又悶。

【業務不好做或業務沒想像中的好賺，是因為修行在個人，一樣米養千百種人，也就代表每一個做業務的表現有著千百種結論。為什麼一時的菁英總是那麼少，為什麼可以常保菁英狀態的菁英更少，為什麼能將自己的事業與工作性質昇華的人更是稀有中的稀有，因為絕大部分的人都被自己給淘汰了，你值錢的是甚麼？是業績或是成績嗎？若現在的你認為是如此，代表你的業務態度還非常地膚淺。】

建商是
服務業

| #賣方觀念 | 轉念即轉型 |

建設公司,是個將土地購買起來,再行加工製造的角色。

可以賺取到土地隨著時間放養起來的價差。

可以賺取到自行營造起來的合理管理報酬。

可以賺取到規畫之後的產品來出售的利潤。

傳統的觀念之中,大多建商奉行著:將房子賣掉就行了。

甚麼售服、甚麼品牌、甚麼形象、甚麼工務修繕,那些都是將成本多餘支出,沒有意義,對收益也沒幫助的事情。

我們不就是把房子蓋好售出,交屋後把錢收齊了,再繼續買下塊土地,繼續蓋下個建案,繼續收錢,繼續循環,以此生生不息著這個產業的收益就足矣,何必轉型,何必要配合消費者,何必要配合市場,你不買還有下個人會買。

但在現況,已是與過去截然不同的時代,不僅是各行各業都面臨世代交棒的傳承,消費者與市場也在資訊爆炸的環境中都可以很清楚明瞭每一個建設公司的文化或口碑,為何現在品牌力如此的重要,因為沒有人願意把錢交付在一個不肯為買方服務的建商,寧可提高預算也不想冒風險。

建設公司如果還停留在過去的經營觀念,只想以賺錢與快速周轉回收當成唯一的目標,那就會非常辛苦而不自知。

加上現行的政策稅制與各種消費規範跟不斷壓縮彈性的建築法規,建商也不如以前好做了,利潤隨著時間一直在遞減,假使口碑不佳,那就會讓自己的產品越來越難賣,呈現一種極端的效應,好的品牌不僅會讓買方排隊搶購,甚至還能將售價拉高且得到認同,不好的品牌可能再便宜都會令消費者感到疑惑而卻步,價格戰也不見得就會奏效。

能將服務理念務實在經營上的建商招牌,如今都有非常好的評價,在這點上,難度是相當高的,怎樣能深植消費者心裡深處的強烈印象,並不是僅靠包裝就可以欲蓋彌彰。

比的是甚麼?

「大建商不願意做的,小建商做不到的。」

1.比誰對已購客還來得更貼心、細心與主動積極。

2.比誰對品牌與理念上的堅持跟貫徹原則的程度高。

3.比誰能做到比用說的還來得更多更紮實更有信譽。

4.比誰在工務修繕能給予更親和與隨時隨地的服務。

5.比誰在規劃跟設計的原創概念是更具文化與藝術。

6.比誰對消費者之間的腰桿子更軟與帶著高度誠意。

7.比誰可以能完善在售服訓練上該有的態度與精神。

8.比誰更能要求在營造與工務品質上的監督跟細節。

9.比誰可以建立給予買方更便捷與有效率的軟硬體。

10.比誰擁有更多的耐心在解決客戶買房上的問題。

現在有意識到品牌價值的建設公司不少，還有越來越多的趨向，但能下決心去徹底轉型的卻不多，最主要還是在於要突破自己過去成功經驗的觀念很難，這個框架太大了。

雖然同業之間對於某些建商做法時有耳聞，但真正去了解了之後，多半都會抱持著訝異：怎麼可能做到這種地步。

所以大建商不願做的，就在這。

所以小建商做不到的，就在此。

能把這樣的經營精神反轉改變成自己是個服務業，而非高高在上的建設業、加工製造傳產業、營造業，是很不容易的，當然最後可以得到消費者的高度認同，也是應得的。

口碑與品牌定位，是件很客觀的事情，不是賣方的自以為是，無論規模版圖有多大，經營資金有多雄厚，是否有上市，還是機構有多廣，都不比買方及客戶的觀感，一個是自己成就有多高，另一個是自家招牌在市場上有多響亮。

如果發現自己品牌被環境定位成A級一線建商，代表那就是個努力過的結論。

假使發現公司名字被買方定位成D級三線建商，代表那就是你不在乎的結果。

正視與深入賣方在已購客之間的連結，消

費者的感受，將心比心，是非常重要的，
但往往裝睡的人卻是很難叫醒。

【距離通常都是自身所造成的，因為相由心生，企業主以甚麼態度在生意上，其內部主管職員或配合的相關廠商，就會配合你的想法或被影響在實際的工作過程上，所以買方會很有感覺，這些種種因素跟環環相扣都會渲染你的好與不好。能令客戶感動的建商，再貴都值得。】

業務

業務從來都沒有畢業的那一天，它也跟你的年紀、經驗、資歷、成就，沒有絕對的關係，它永遠都在考驗著自我是否有在不斷成長。

不管是賣甚麼商品，業務都出於相同的基理，無非是促成交易。任何方式都僅是目的論，講的簡單，淺入深出卻很難，因為它在現實之中有太多有無形的阻礙，尤以每個業務員本身的水準素質、專業內涵、心性養成、品行於行、精神態度、觀念等等都會有著不同的結論。

客戶千百種人，業務同樣千百種面貌，所以M型化的差異也會很大，在眾多同業人群內菁英的比例也總是少數，能長期保持高度產值成績的更是少中又少，每個人對業務這兩字的理解也有很不一樣的解讀。

不就是賣東西嗎？這可能在業務工作是最常被簡化與誤解的。

賣東西能有多難？這也是許多無知者將業務行為膚淺看待著。

身為業務與市場的第一線，不應該只追逐利益與業績，因為無論那些成就有多高，最終生活還是得回歸本質與初衷，假若自以為這樣就可目中無人或不尊重業務精神，最後還是難以善終長久。為了將銷售工作做好，我們被迫要了解人性、也必須會被人性所磨練著，但若過度使用人性弱點而無視自我的心理建設，很容易著了道而走火入魔。

同時業務也將這個世界與人生迷你化，它需要的學問太多太廣太深了，永遠都沒有學完畢業的那一天，也永遠都沒有可以停止進步的那一日，在開啟業務工作的那一刻起，就如同出家一般在修行心性。

一個業務高手，永遠都會低調著繼續潛沉研究更深遠的行銷模式。

一個業務低端，永遠只會沉迷那短暫的浮華成就與慣性炫耀自滿。

一個業務能手，懂得謙讓與分享不怕被超越也不害怕挑戰與學習。

一個業務魯蛇，總是擔心自己會被看不起也老是自設壁壘劃界線。

在工作中學習尋找自己，建立自己的調性，找到自己的人生出路，走出一條屬於自己未來的世界，而業務工作往往可以實現理想，尤以高價位商品如不動產的機會

更高。可這也時常矛盾的把人給拖到深淵之下，多少人入行數年後陷入迷茫，多少人被制約與疲乏把自己給逼入壁緣。怪罪環境、運氣、長官、同事、客戶，就是不會自我檢討。

在業務的領域之中，競爭並不在於同業之中，而是在追逐自己的背影，創造數不盡的踏階分歧點，不停地與自己在競賽，也不斷在壓縮自己，挑戰自我的潛能，逼出自己的潛力，提升自我的業務素質。

一天之中：

你回憶當日多少次與客戶之間的銷售過程？

你檢討過幾次自己可以如何做得更加完善？

失敗過後又可以回想幾次找出自己的瑕疵？

成交過後又可以回憶幾次找出成功的原因？

你有計算過自己到底浪費多少時間在發呆？

你有多嚴格的在自我審視自己有沒有進步？

能自律約束自己的惰性懶散與負面情緒嗎？

能正面去挑戰解決心理所產生的各問題嗎？

能妥善安排利用所有的時間在思考產值嗎？

業務是個好工作，也對自我是面好明鏡，這些同時會在現實中反應出你在職場與社會上的價值，要做好一個優秀且令人敬畏與尊崇的業務，除了專業技能上的培養，更重要的是需要對自己的問心無愧。

還記得剛入行時的熱情嗎？

還記得有衝勁時的初衷嗎？

還記得那不畏虎的精神嗎？

還記得努力學習的態度嗎？

你是否被金錢給限制住了？你是否沉溺在業績裡面了？

你是否已陷在利益之中了？你是否已經停止在前進了？

你是否忘記自己是誰了呢？你是否困在自我的堡壘中？

【如果你不懂得追求進步與充實，那就沒有廣大出路的那一天。如果你一直很把握時間在學習，遲早有天你將突破運氣的框架。業務是門哲學與藝術，千萬不要辜負了自己與業務這個行業與工作的緣分。】

建材的
意義

| #賣方觀念 | 刀口 |

對於多數賣方而言，建材的成本都會是每個建商相當重要的考量之一，不僅是室內標配，也包含了公設空間、公領域的動線、中庭或外觀、甚至是不起眼的地方。對於銷售現場來說，好的建材有如殺敵利器，是很有力道的賣點。對於買方立場來看，建材水準與等級也代表著建案在市場觀感上的調性與定位。

若單價走高的建案，建材不能省。

若品牌走向的建商，建材不能省。

若豪宅定位的社區，建材不能省。

建材品牌的含意是相當深遠，同時也能帶出許多故事。

但若省去，就不過是一個非常普通也非常單調的產品。

也許有賣方會說，國產品也很好，為何一定要用進口貨呢？

邏輯是這樣，請問老闆你是開國產還是進口車？自己或給家人所使用的一切大小物品，假設沒有預算的問題，是多用進口還是國產品呢？包含了家中的設備、家具、電器、飾品等等，同理當你規劃出來的商品要走入消費市場之中，就必須得換位思考，不是以成本利潤的概念要求買方必須得接受你的主觀與喜好。

尤以現況跟以往不同，在資訊爆炸的時代下，任何建案所有的內容都會被消費者公諸於世來討論、評斷，如果你的產品物不超所值，現在也難再想以業務或話術來欲蓋彌彰，因為你的意圖，買方都會很精準的揭露出來。相反地，假若你的產品很物超所值，也會被市場追捧定義成一個很棒的建商品牌與建案格調。

然而第一線業務要賣的，也不再只是建材的功能性，如何能深刻認識所有配備的品牌故事，將其理念延伸到整個流程裡面，讓買方可以非常有感東西的不同與差異化，甚至發揮到這就是建設方的誠意與用心，不貲成本的將房子做到盡善盡美。如此才可以不浪費賣方所願意改變的一分一毫，自然業績不會太差。

把錢花在刀口上，建商大量進貨的單價遠遠低於散戶的零售價，雖然跟進口品牌還是有不少的價差，但這占營造成本的總和其實也不會差異到非常巨大，這道理跟透天的電梯買低賣高其實是一樣意思。只要

夠用心夠有決心想把建案當成是一種藝術品，每個業績都是自家代表作，相信售價高一些市場還是會認同。

建材大約分幾個方向：

國產品入門款：便宜到不行的廉價品。

國產品進階款：物超所值且紮實耐用。

進口品入門款：等同國產進階款成本。

進口品進階款：價格略高但質感十足。

進口品設計款：貴但具特殊強烈印象。

室內標配的分項細節：

住家大門、大門鎖、地坪、油漆、隔間牆、窗框、玻璃、廚具、衛浴及五金、電器、開關、室內門、室內門鎖、曬衣架、地磚壁磚、特殊設備、附贈設施、施工或特殊工法等。

首購的建案抓1/3項目做等級提升，建商品牌不難奠定。

首換的建案抓1/2項目做款式升級，建案水準不高也難。

尷尬的建案抓1/1項目做頂級設備，不好賣但最棒是你。

誰說小坪數就一定都只能用國產設備？

誰說平價建案就不能使用到進口品牌？

誰說建材不能與時漸進跟擺脫傳統呢？

在過去，建商是生意人，多省多賺，能賣高就賣高，價錢賣得貴一些東西用的差一點才是這行業的王道。這種方式與理念，現在還行得通嗎？買方還會是那數十年前的傻蛋嗎？

相信近年更多人有感發現，現今是品牌當道，有口碑有粉絲凝聚力有公認度的建商，才有市場影響力與絕對的銷況籌碼權。賺錢沒有錯，想要賺得多也沒有錯，但這些一線建商，不僅可讓消費者心甘情願地買單，甚至不用議價，甚至說甚麼都信，甚至怎麼要求對方配合都毫無問題。只想賺取高額利潤卻不思品牌基礎的你，做得到這樣的市場定位嗎？建材是種態度，也是種理念。

行銷包裝始於質，有內容的產品才有被發揚光大的條件跟彈性，對於建設公司在市場上的觀感，不是一昧的省錢才是生存之道，而是需要為長遠之路做鋪陳，建立真正的價值。

【如果建材好卻講不出口，代表業務不用心。如果建材普通卻還能舌燦蓮花，代表業務有功夫。但若建材好業務又能講入人心，就是好上加上，即使沒有成交，買方也會對公司對建案對銷售有極大的認同度，而他們，就是你的口碑來源。】

伍

業內

競則。

態度
不見了

│ #業內競則 │ 嘆 │

人事人才大斷層的時代，不動產業與第一線銷售人員也是如此，與過去不同的是，人更難用、難請、難產、難教、難訓，而人性也從不曾消失過，案多人少的環境下，連基本的禮貌與態度都不見了，更別說履行承諾信用。

這個行業，一向都是土法煉鋼，沒有捷徑可言，因為在台灣的房地產業，門檻是相當低的，等同任何人都可以從一張白紙就能入行，只要有資方願意收編，你不需要特殊專業技能背景或學歷，甚至還會有完善的教育訓練。

這麼高報酬的工作，也是這個行業的魅力所在，不動產業創造出很多富人，也讓不少人從基層成為老闆而後光榮退休，也有許多傳奇故事，英雄也好、梟雄也罷，這就是一個可以令平凡人爆發致富的工作性質，所以特殊。

時常與人分享，不動產是個人生的縮影，同時也是考驗與修行自己的染缸，成功不代表你賺了多少錢，也不代表你的公司規模有多大，更不是你的職場地位成就有多輝煌，這個圈子裡不存在永遠的朋友、

敵人，當然也不會有日不落帝國，隨著時代與市場環境景氣的變遷，江山代有後人出，長江後浪推前浪，自己的涵養若沒有跟著經驗與時間成長，有再多的表象成績，都很難長期維持生存。

感嘆大部分的人都難以擺脫八二法則的框架，而這又是個現實與高壓的工作環境，不僅是八二，而是八二中還有八二，能脫穎而出的人，都會有著某種不凡的特質，或者相當獨特的生存之道，每一個舉足輕重的人士，也都擁有著值得令人學習的地方，社會永遠都是最好的老師。

所以態度，就成了一個非常重要的條件，而這也不一定會跟年紀或資歷有關係，物以類聚，當周遭的好友圈都是一些低產值或缺乏邏輯觀念的人，就代表著自己也差不多是如此。態度是種堅持、習慣、原則、品性的集合體，它帶來的是一絲不苟、使命必達、肩負重任與勇於挑戰，既使你沒有先天的才智或外表，但態度卻能令你成功。

對於同業之間的初次認識，就足以可以透徹對其看待工作與事業的態度，尤其是在

聘任或合作上面，這是裝不出來也演不出來的東西。沒有正確的工作態度，其工作能力也會有瑕疵，當然同時也會有低競爭力的風險，即使你的外貌再美、年輕有天分、經驗很豐富、口才反應好，都沒有用，遲早都會被自己的現實跟渙散給淘汰與擊敗。

做代銷，做工作，無非是這三大關卡：

能賺到錢嗎？

能守住錢嗎？

能再爬起嗎？

這樣辛苦的行業，千萬別說自己是為了興趣，沒人願意年紀一把的還要在第一線受到消費者與長官的委屈，不是需要收入，就是需要經濟，大家都是為了賺錢，卻還要自欺欺人是為了打發時間，既然不缺錢，應該好好退休過生活，也應該要好好地去享受人生才是，何必再來攪和與荼毒虐待自己呢？

賣房子，千萬別賣一輩子的房子，無論是男是女，時間是用來建立自己紮實的基礎與能力，不斷地吸收學習與請益，不是一直想著錢，因為不動產最現實的地方就是

收入會跟著能力產值成正比的，拿掉運氣，獨一無二的被利用價值才是真理。屢試不爽，如果你總是被取代，如果你總是被忽略，如果你總是只靠張嘴，那其實你浪費的是自己的時間與人生。

有能力價值，所以理論上你可以賺得到錢。

有觀念態度，所以邏輯上你可以守得住錢。

有堅韌毅力，所以事實上你可以東山再起。

投機主義者，利益現實主義者，慣性捷徑主義者，沒有務實與腳踏實地的態度與精神，做事沒有條理，沒有責任，沒有原則，再怎麼努力都是枉然，半瓶子調調敲起來永遠都是特別地響。

【沒做過專案的代銷老闆，難以成功。沒賣過房子的專案，也難以成就。代銷是一個業務行為的組合體，從上到下、從內到外的所有工作內容都是業務性質，也都需要業務角度來思維，假若你現在所行之工作，是人人都會的，只要乖乖聽話辦事就好，那請問要請你幹嘛？是補充基本營運的人力，還是隨時準備都會被換掉的角色呢？業務第一線，不也是如此嗎？】

廣告

廣告打的是邏輯，而非預算，當然必要性的子彈是基礎，可不代表錢砸的兇就一定會有正面的收穫與效果。

不動產面臨了時代變遷所衍伸出了分歧走勢，也讓不少賣方對於以前能夠成功如今卻不斷被大打折扣的結論感到莫名狐疑不已。從前可從現場買方反應追蹤出些許原因來調整廣告節奏，但現在卻不少人難以理解這個因果。

傳統廣告，是舊有認知裡普遍在使用的通路方式，不僅大部分都有固定的既有成本，也較無太多技術性要求，只要內容夠精彩，砸的預算更大夠廣都會有基本成效。

數位廣告，是近年陸續興起的網路媒體通路方式，要價基礎花費金額普遍遠低於傳統廣告，但需要高度技術性操作與相關知識，若執行得當將會有極度爆炸性成果。

兩者之間，各有優劣，也各自精采，但針對於使用者之手，做廣告行銷的原則是：不做沒意義的花費，不做沒有實質理由的預算編制，錢只花刀口上，盡量不浪費每一塊錢，除此之外，還要有預防意外的風險防守周轉空間做調配，不買公關人情的帳，不簽沒有頭尾的報價單。

房市景氣並不差，為何定點使用比例逐漸降低，甚至連大選期間那些政治曝光的看板也不比從前來得多。平面媒體、報紙、雜誌、電視廣告為何也同是走入夕陽？

因為網路的普及、資訊的傳遞擴散太過迅速、智慧型手機所帶來生活依賴上的改變，導致所有通路商都想盡辦法轉型滲入以此為基礎做業務發展。數位的確有著急速成長的事實，消費者及市場對其高度的慣性使用也完全將這種曝光方式重新打散再重組，也因為各種時事與政治相關的事實發生讓許多固執又鐵齒的前輩先驅也意識到時代完全不同了，可要如何改變在工作操作上的觀念卻很難。

「換了位置，換了腦袋。」

「不同位置，不同包袱。」

「有了權位，我不能錯。」

這大致是這行業最常遇到的尷尬局面，上位與主事者不懂該如何調整步伐，卻又拉不下臉捨心去面對問題，明知自己的能力已無法影響大局核心，更不肯讓自己去學

習精進更深的通路內涵，也沒有那種識明眼光來做判斷。

又有多少第一線能紮實要求消費者的受眾媒體為何呢，又有多少主事者會願意接受數據上的疑、證、問，最後認同進而改變銷售或廣告策略布局呢？堅持自我與過去經驗似乎已經是種刷存在感的作為卻無法解決現實難題。

傳統廣告通路依然有著它們的曝光價值，但也因其快速衰退的趨勢，如何組合出多元的企劃內容成了考驗。

數位廣告媒體的曝光價值不斷隨時代提升其市場依賴度，但不代表無腦投入就會有正面或妥善的實質效益。

這些狀況也就成了一種新的時局，無論是企劃的創意性，還是廣告的突破性，又或是行銷策略的獨特性，都不再是以往那種複製貼上就能夠再次成功的保證。反而是越來越吃力，過去的思維框架，漸漸被這進化快速的世界所擊潰，未來是屬於不斷追求進步且有前瞻性的人才有獨領風騷的機會，而你卻還難以搞懂到底發生了甚麼事。

傳統廣告需要配合特殊策略做水平整合且非傳統思維的企劃主軸，不再只是單純的用作曝光度或指示告示。

數位媒體通路需要高度的技術性邏輯知識與效率的預算分配，也不僅是有甚麼平台就砸甚麼平台就有成果。

簡言之，行銷者需要學得更多、做得更廣、了解得更深入，甚至有必要還需要多上相關專業課程或閱讀類似書籍，而這並不是你有著職位或權力就可以忽視的。因為你的觀念與思維沒有隨著世界再轉動，無論哪個人才幕僚或是專家給你建議，你都沒有辦法說服自己去執行。

想要賺錢，不再只是賣經驗，而是不斷地吸收，不斷地充實自己，不斷地在追求進步再更進步，順勢順為。

【如果你感到越來越辛苦，如果你開始感覺到明明與過去做相同的事但回收與成效越來越沒差，就表示你已經開始自我夕陽狀態了。並非是你不努力，也不是你不認真，是你的腦袋與技能跟知識與經驗已經生鏽，你吃過的鹽不再是鹽，而是毒。那種慢性凌遲你團隊的毒，那種自我膨脹與自以為是的毒。廣告打的永遠不是預算也不是你的資歷更不是你的職稱地位，而是正確且符合市場與時代所需的邏輯與觀念。】

行銷
內外功

廣告主外，就像是武林祕笈。

業務主內，如同是深厚內功。

縱有絕世神技，卻沒有相符的內力支撐，也是走火入魔。

縱有雄渾內力，卻沒有相稱的外招搭配，也是徒然無功。

廣告的任務是帶來曝光與來人，成功的行銷總有源源不絕的來客。

業務的作用是將上門買方成交，成功的銷售總有居高不下的業績。

廣告打得好，但若現場業務太弱，就是不斷浪費預算與資源。

業務很會賣，但若廣告策略不妥，就是巧婦無米之炊沒搞頭。

北部代銷著重打廣告，高額的預算，鋪天蓋地的地毯轟炸。

中部代銷著重打實戰，紮實的訓練，高強度的壓縮式業務。

兩者之間，似乎需要求個平衡點，子彈有限，花光就沒了，如何將錢用在刀口上，是這行業的精巧妙點。倘若反應超乎預期的順利，省下就是多賺的，倘若環境不如預期的順遂，這些預算空間反倒成了周轉與共體時艱的籌碼。

一個很強的銷售業務，最怕公司不打廣告的亂省錢。

一個充足的預算團隊，最怕現場毫無章法的不會賣。

代銷的成就，應該在於如何以最少的代價獲取最高的利潤，這是一門藝術、學問，更是一道成就，也是專業價值的所在。這個工作並非僅是照本宣科、聽從指示、心無想法、腦無構思般的上班族，要夠活、要夠膽、要夠智慧。

怎麼爭取服務酬勞，在於談判技巧。

怎麼布局行銷策略，在於經驗專業。

怎麼提升業務效率，在於管理手段。

怎麼運籌帷幄大局，在於態度思維。

廣告不是只有花錢，更要在乎內容呈現與細節。

媒體不是狂上就好，更要滿足回饋投報率理論。

企劃不是瞎聽盲從，更要符合個案策略與調性。

現場不是任其放縱，更要完善體制跟教育訓練。

代銷要學的很多，要會的也要很多，不僅是全面化，還得求盡量深入，所以要被稱作為半個建築人，也並不是一天兩天就能速成的。要有足夠專業的內涵，也非走捷徑就能有所成。不管你的資歷有多深、年紀有多大、職位有多高，都沒有停下腳步的那一刻，如此才有機會透過時間點滴茁壯。

是否對市場有相當足夠的了解度。

是否對建築有基礎知識的理解力。

是否對經濟有相關延伸的常識觀。

是否對工務有一定程度的熟悉度。

是否對業務有非常老道的技巧性。

是否對行銷有相當專業的策略性。

是否對廣告有完善數據的妥當性。

是否對企劃有藝術美感的認知力。

是否對服務有耐心熱忱的誠意度。

不動產是個說廣可以非常廣，說窄也可以非常窄，說深也能非常深，說淺也能淺到不行的行業。端看你自己如何看待這樣的事業，它不是只有賺錢，也不僅是個單純一般的工作，它是無遠弗屆的，也很深遠廣大，能學習到與接觸到的東西實在太多，縱其一生投入在這個領域中也沒有畢業的那天。

在門檻如此低的圈子裡，又有多少人可以理解這樣的道理呢？

習慣了結果論，不管是自己努力得來的也好，還是時機環境造就的短暫英雄也罷，這樣的文化也產生了許多時代傳奇與將星殞落，有人從此一蹶不振，有的人從此消失在業內，有的人功成身退，有的人還在埋頭苦幹，當然也有更多的人自滿於眼前現況的名利權勢，願意不斷學習的人又有多少呢？

如果外功不足，必須要花更多的時間去鑽研苦讀，因為廣告行銷會受預算與產品而牽制與框架，會操大案不稀奇，能將小案搞得有聲有色才是精妙之道，這需要相當大的代價才能換取的能力，並非是絕對，但肯定會是你的價值。

如果內力不夠，就更要親身去體驗歷練業

務與人性之理，它常存在我們生活周遭的
一切，可若沒開竅，則很難去實踐在銷售
與現場之中，自己都不懂了，又如何去帶
第一線團隊呢？又如何能服眾？又如何能
深入管理與體制之中呢。

【將努力擴散到周遭環境之中，將認真感染到與你有接觸的任何人，將這些對於事業的熱情與學習的精神散發到自己的人生路上，學海無涯，學永無止盡，把這些種種的一切，成為是未來自己的外功基礎與內力根基吧。】

業務三能

|＃業內競則｜桌場如戰場｜

現代因應人性化與勞基法跟時下觀念的不同，年輕一輩要成為一個突出的銷售業務，難度是比以往與過去還要高上數十倍。

不求天資聰穎、不求外貌優勢，只求耐操穩定、只求有心向學。如果你正是一個新鮮人，亦或是一個經驗尚不足的同業分子，請別期待工作環境可以給你些甚麼，而是你自己需要去追逐些甚麼。因為沒有任何人有義務要教你，況且大多數的人們並不願意受教。

上班時間，受限了許多事情，當然也受限了你的發展速度。

1. 正常人不會用下班時間做工作相關的事。

2. 上班時間少了意味著能受訓時間也不長。

3. 晚上沒有工作時間又何來打電話的責任。

4. 沒有長時上班的制約也很難承受高壓力。

5. 休假頻率多了人的惰性也跟著形影不離。

試問，業務是基層勞工分子嗎？

試問，業務是上班族的範疇嗎？

試問，一般工作有高額獎金嗎？

試問，業務的門檻還不夠低嗎？

試問，業務爆發的機會不多嗎？

如果你入行的門檻不高，又想賺取高額收入，然後又希望人性化的管理，同時福利要好休息時間要長，這樣的邏輯合理嗎？

業務只有一句鐵則：「能忍人所不能忍者，必能成人所不能成。」

你過得比別人還輕鬆，必定失敗。

你走得比別人還順遂，必定失敗。

你想得比別人還膚淺，必定失敗。

你苦吃得比別人還少，難以成就。

你的壓力比別人還低，難以成就。

你煎熬得比別人還短，難以成就。

想要有好業績，想要有很不錯的收入，想要有屬於自己的一片天，想要改變自己的人生，想要奠定自己的基礎，甚至想要打造自己的事業，你必須要用付出的代價來換，業務是不靠運氣的。

如果是在代銷第一線，你必須訓練自己要專精這三能：

1.有可以讓買方有購買慾的介紹能力。

2.有可以讓買方做出決定的締結能力。

3.有可以把買方再叫回來的摳客能力。

這些說得都很簡單，但要做到有點難，要做足很難，要做到徹底非常難，要做到百分之百是難上加難，做不到卻比比皆是。

無論你入行多久或你業績有多好，業務都會有個通病：

做到了，認為自己都會了可以不用再練習。

成交了，認為自己都行了可以不用再學習。

老練了，認為自己很屌了可以不用再進化。

有歲了，認為自己很老了可以不用再改變。

要知道，想讓銷售流程磨練到出神入化，是需要耗費巨量的時間一而再、再而三、三而百到千至上萬的不停又不斷的練習再練習，不是心中默念、不是沙盤推演，是大聲地講出來喊出來的練。

要知道，想讓締結過程順暢到一擊必殺，是需要從經驗與心態去累積談判技巧，這中間所必備的個人特質、氣勢、膽子、觀察力、判斷力與策略性，都要非常多的學習資源去不停吸收與成長。

要知道，想讓摳客技巧訓練到高回客率，是需要龐大的耐心與厚臉皮地去把買方盧回來，要有著被拒絕是家常便飯的習慣，也要有著不管對方說甚麼都得無視，只管要把自己的業務目的達成。

假設你都沒有時間去做這些基礎訓練，也沒有那種土法煉鋼的心情，你以為業績會從天上掉下來嗎？以為賣房子這麼容易？不！這個行業之所以有資格賺得比同儕還要多，是因為你所做的工作內容與細節，是一般人所做不到的，要有這種心理素質與準備。你所取得的收入必須要有相對應的付出代價，這才是邏輯。

業務沒有資格享受過多的假期，因為你對客戶有責任。

業務沒有資格享受太多的福利，因為你對業績有義務。

想休假，拿成績來換。

想福利，拿業績來換。

想回饋，拿條件來談。

客戶百百種，業務更是上千種，因為大多數人無法克服人性的負面與自己的個性，沒辦法為工作改變，也沒辦法為了事業去約束自我，更沒有辦法為了理想與目標去進化自己的能力與內涵，所以產生了市場上有很多類型的業務，因此那些高手顯得更具有價值。

不是入了行，你就叫業務，這是不對的認知。

不是上了場，你就叫業務，這是不對的想法。

不是接了客，你就叫業務，這是不對的觀念。

業務的分屬種類與分數太過於極端，如果你現在正做著業務工作。

請問1~100分，你會給自己打幾分呢？

已經累到不行的身體，看到新來客你還能保有熱情再衝刺嗎？

已經疲到無力的精神，不斷被拒絕你還能有再逼訂的態勢嗎？

已經懶到發慌的心情，打過無數遍的客資還能想再繼續盧嗎？

看到客戶上門要衝，買方有感覺時要殺，打電話摳客時要纏。

即使這些都做得還不錯的時候，業務最後也最難的一關，調整心理狀態：一個好的業務與一個很強的銷售，永遠都是在跟自己比較，也永遠是在跟自己賽跑，不會輕易受旁邊的環境與人事物所影響自己的動力。不管業績有多好或收入有多高，對他們來說永遠都在歸零，所以他們可以常保幾近無限的熱情與服務精神，而且無論為工作上付出了多少的犧牲與代價，他們永遠不會覺得累或感到後悔。

【業務是很難學的一個領域，許多人要花上很多時間跟經驗才能勉強抓到那個節奏，但更多人是終其一生都開不了竅。假若你現在是個業務工作者，應該慶幸也該高興，因為業務可以一通十路，帶來的社會價值與人生旅途甚至在交際或許多事情上，都會很順利。這個工作走到最後是修口又修心，能見識到的範圍之大也難以是一般工作可言喻，但前提是，你得讓自己可以有這種進化程度。否則你也不過是個過客罷了，而且是大事難成的魯蛇，因為你只是想安逸在舒適圈裡且同時也是個勞基法的受害者。】

裝睡的人
叫不醒-上

|#業內競則|學會醒|

代銷這個行業，是一個高工時，空閒時間又長的工作。在等待客人或淡季的時候，可謂度日如年，似乎就是上班打卡等下班，日復一日的只剩盯在現場跟接待中心的功能，那些蛋白區或餘屋，來客更是少之又少，無論你屬於何種職務，專案經理、副理、行政、新人、業務、跑單等等，都是如此，只要沒業績沒有來人，其實就是乾等。

那麼這些逝去的時間，能妥善運用作為自己養分的人在業內並不多，所以就成了打屁哈啦、手機聊天、上網或手遊、嗑八卦、道是非、念佛經、摺紙蓮等等，然而在一個團隊裡面，懶散是會被傳遞的，這也是另外一種人性，同時也是這個產業工作者的悲哀，難自律。

慢慢地被腐蝕，被制約，被習慣住，久了人人也不過認為這行就是這樣，何必太認真，何需太拼命，日子有得過就好，犯不著把自己逼得影響上班心情跟生活品質。

環境與制度，管不了人的進步，頂多督促罷了，真正要能讓人成長的，是如何運用時間與自動自發，假使在你的職業生涯裡都浪費掉大量的光陰在裝睡，那誰都叫不醒你。

換個角度想，一個可以有賺獎金的機會、同時還有底薪、又不是常態從上班忙到下班的工作，不就等於充實自我的當下還有錢賺嗎？也許會有人問，那到底怎麼利用時間呢？你可以找尋及閱讀大量對事業工作職場有幫助的書籍，你可以從書中得到突破接客技巧與瓶頸的靈感，也可以不斷地在模擬訓練銷售流程，也能做一系列的抗性跟應對練習，定期從網路上建構與了解市場資訊及狀況，從論壇裡去試著理解消費者的想法，做足行情上的研究，從自己所表現的狀態裡來分析打分數並做檢討，與前輩或同事討教來參考別人不同的做法。

我們靠嘴巴生存，不是靠嘴巴來打發時間。

我們靠腦袋賺錢，不是靠腦袋來放空發呆。

我們靠勞力苦幹，不是靠勞力來想著休假。

與其道人長短，不如增長見聞。

與其論人是非，不如增己之長。

與其爭名奪利，不如紮實基礎。

知道自己在幹嘛，很重要。知道自己要幹嘛，更重要。如果進了這個產業，亦或是任何工作，都應該時時刻刻警惕與督導自己有沒有浪費掉那些相當有限的時間，忙碌是應該的，即使不忙也要把自己的行程塞滿，想辦法逼迫自己有做不完的事，大目標中方向小日常，每天都該有屬於自己必須該完成的進度，日日一小步、月月一大步、年年都進步，那麼自己的夢想與理想，實現的成功率就會越來越高。

人很奇妙，在低門檻高爆發的不動產，都會有一些既定的人性邏輯。愛貪小便宜的人，怎麼樣就還是如此。愛散布謠言挑撥的人，不這樣做就好像渾身不對勁。愛搶業績愛捅背的人，即使受到教訓也是惡習難改。愛忌妒見不得人好的人，似乎時常都活在埋怨之中。要在多數人都在裝睡的環境中醒著，是奇葩。因為你勇於做自己，更勇於面對自己的不足，也勇於挑戰不與非自己認同的人為伍或受影響。

不愛念書與不愛讀書的人才會來做業務，很會念書與讀書的話幹嘛要做業務。這是業內頗為常見的一段話，但也是個框架。求學時的書，是為學歷，是被動，是必須。但真正想為自己的心靈、思維、腦袋做提升的閱讀，是主動的，也是自我意識上的需求，如果老是活在框裡，其實是很難突破的，所以你知不知道自己應該要做甚麼事，能否為自己訂一個方向做自我定位，是執行動力也是進步的熱情。

說一百句，不如動一步。

滿口空話，不如做下去。

油嘴滑舌，不如照鏡子。

不要跟人比較，只需要跟過去的自己比較就好。

不要追人背影，只需要追未來的自己背影就好。

每個人都是有潛力的，是男是女不重要，年紀也不重要，身材樣貌也不重要，多少經驗也不重要，有無背景也不重要，唯一該關心的是：你正在裝睡中嗎？你想裝睡嗎？你知道未來的自己會裝睡嗎？

【這世上能幫自己的永遠都還是自己，如果你都幫不了你自己，其他人想幫與能幫的程度相當有
限。相對地，如果你的工作結論總是沒有答案，即使你領到了數十年的經驗招牌，也不見得會跟
你的能力成正比。矛盾的是，很多高經驗值的人們口裡心裡腦裡都帶著這份鐵保證，其產值卻是
比菜鳥還差。倚老賣老賣到老的人依然還是活在自我設限的小框框裡，這類型的人物在不動產圈
裡是屢見不鮮。人才之所以是人才，不是天生的，天才之所以是天才，也不是先天的，而是後天
經過無數的自我壓縮訓練與充實的結果，才能讓大家覺得你是天人之才，自律才能為自己帶來光
明的未來，裝睡就可能會長眠不起。】

包裝的
意義

| #廣告行銷 | 藝術 |

全世界所有的商品都需要包裝，無論是品牌大廠，還是平民小物，都無一例外，因為沒有了包裝，就不會有人想消費也不會有購買慾。那種無法讓人放心也沒有任何吸引力的產品是很難創造買方需求的，如此又怎麼能有辦法創造業績與銷量呢？

包裝是門藝術與技巧，也是種心理學，更是種哲學，它考驗的不是會與不會，而是能否精巧又能搭配市場需求，同時符合產品定位的調性，隨便做的心態是很難可以成功的。

不動產亦同，沒有一家建商會去說自己蓋的房子不好，也沒有一個賣方會嫌自己的產品很差，就跟不會有人認為自己的孩子又醜又笨是一樣的道理。因此就有了立場影響思維的問題產生，既然自家的商品都這麼棒這麼好這麼完美無缺，又何須要請專業包裝設計呢？又何必要花這種成本跟預算來做行銷與企劃呢？

一個成功的建案，除了市場或景氣氛圍外，不難可以發現幾個原因：

1.產品定位正確。

2.銷售策略無誤。

3.建案規畫合理。

4.售價符合預期。

5.企劃包裝完善。

如果以上五點都無可挑剔，那麼好的包裝可以讓整體好上加好。

如果以上五點都有挑戰性，那麼好的包裝可以讓推案風險降低。

如果以上五點都乏善可陳，那麼好的包裝可能讓建案起死回生。

包裝的意義何在，其實很多人不會去思考這一點，是為了做而做？還是陳舊的經驗推動自己不斷複製貼上？還是從未打算在這方面下手？又或是根本沒有這樣的概念與觀點呢？

不管是哪一個，真正能滿足到這點的案例其實在整個業內跟市場裡是不多見的，尤其是那些無視品牌效應的賣方，他們多數會認為好的東西根本不需要包裝，但問題是你又如何得知買方會懂你的好呢？消費者是外行也都需要被教育的，若沒有刻意設計或包裝整個行銷過程，一般人是無法感受到你的好跟棒在哪。

不動產有趣的地方也在於此，每一個不同

性質的建商與建案，都需要不同的特性來做包裝設計，它也代表著這個產品的靈魂。如果只是便宜行事，那麼無論你做多少案子，給人們看起來的感覺永遠都是無差別的，這樣又怎麼可以表達出賣方所需要展現的形象意義呢？不管是建築體的本身也好又或是廣告行銷企劃，其實這些都是細節的組合體，誰能將各項細微瑣事注重得越仔細越用心，那工作結果的成功率就會越高，市場正面觀感也會越深刻。

包裝的邏輯思維：

1.突圍市場競爭力，因為人都是視覺動物。

2.強化產品形象力，因為要創造深刻印象。

3.表現創意藝術性，因為要打造內涵素質。

4.將簡單變成複雜，因為燈不點就不會亮。

5.將平凡變不平凡，因為買方不是內行人。

6.把細節發揚光大，因為行銷都需要故事。

7.將賣點神化極致，因為好東西更要強調。

8.塑造賣方品牌性，因為品質觀感在品牌。

9.把預算花在刀口，因為省錢做不到價值。

很多時候在建設方的立場上，在過度利潤極大化的經營思維與理念，就很容易會忽略包裝這檔事，因為需要花錢、因為有隱形成本、因為需要相關人才、因為要改變自己原有的觀念或態度、因為要否定自己的生存之道，所以他們會認為，業績不順都是銷售方或買方的問題，要則代銷不會賣、要則消費者沒眼光，可是卻不會深入檢討到底自己所主導的企劃包裝，究竟有沒有問題。

建設公司有沒有包裝概念會影響建案整體基礎定位。

代銷公司有沒有包裝能力會影響推案的銷售成功率。

前者弱，後者強還能平反扶正。

後者弱，前者強也無用武之地。

包裝就是要將山雞變鳳凰。

【設計是一個無窮盡的思想範圍，它是不受框架的，它是很感觀也很吃感覺的，也需要不凡的眼光才能指引它的發展路線。要成就一個產品的包裝，是不允許有一丁點的瑕疵，因為環環相扣後的結論，就會變成極為不同的成果。它需要用心，更需要細心，可若只是單純圖片貼貼文字隨意寫寫，沒有理由沒有考究沒有因果，那就只不過是個廉價的宣傳單而已。】

廣告藝術

| #廣告行銷 | 逆思維 |

做代銷的四大主軸能力之其一，就是廣告策畫的內涵，也是包裝企劃的強度與水準，做得好不好在於其次，做得恰到好處、做得妙，才是精髓。能創造市場的人少，但順應市場的人卻很多，到底廣告要怎麼做該怎麼做，其實很多正身如其境甚至具備多年經驗的人，也還不一定可得其門而入。

在公司預算概念裡，廣告的配置運用也是門投資報酬率，如何用最低的成本創造最大的價值，是基本的操作配置觀念。不是狂花豪撒，就叫會打廣告，也不是省到骨子裡，就叫划算。而是要想盡辦法借力使力，讓各種媒體通路與行銷模式可以達到最完美的搭配結論，隨著策略布局事半功倍。

花錢，誰不會呢？不是花自己的錢，又怎會心痛呢？廣告預算也就是這麼回事，花的永遠都是公司的，用公司的資源達到自己對於媒體廠商之間的人情效應，藉此培養自己的人際關係，何樂而不為？將預算操之在手是謂權，這個行業有不少數的在其位之人是很享受這過程的，但他們是否能理解廣告真正的涵義或實質效果回饋呢？能否可以完整數據解析所有的因果邏輯呢？能否計算出各項廣告媒體支出投報成效的檢討內容？

一個建案的靈魂，並不在於建商品牌，也不在於施工品質，更不在於產品力或地段價值，而是在於怎麼從包裝企劃的魔術賦予它生命力。從此這棟建築物有了名字，有了標語，有了調性，有了訴求，有了想告訴大眾故事的精神。但，絕對不是複製成功或是還不錯的經驗，如果代銷已經麻痺了這個理念，那麼你已然失去了「企劃行銷」的職業意義，而成了「拷貝貼上」只想簡單輕鬆賺錢的機器人。若你是有意的重複循環，那倒還能生存。但倘若你是不自知的，那可就是又慘又失敗的代銷公司。

藝術之所以稱藝術，因為它獨一無二，藝術家或創作者，就是不喜歡做一樣的事，更討厭沒有原創性跟一成不變的事。所以廣告為何燒腦，因為要以建案做為一個主角，如何將其成為突破市場的觀感而受到矚目，這並不是花錢就能辦到的。要用

心，要有合乎買方所預期的，而非像個無頭蒼蠅般的底圖貼貼文字抄抄就能交稿，這更是代銷的存在價值所在。

品牌，是現今消費者所相當注重的事。但矛盾的是，已有品牌力的建商，它不需要代銷。沒有品牌力的建商，它會希望一流的代銷為其創造與包裝，但若代銷公司接了案卻無法塑造明顯有感的品牌形象出來的話，難免可惜。

許多在培養品牌的建設公司，都已歷經一定程度時間的陣痛期，因為口碑是需要累積的，無法憑空捏造。所以為何在與沒有這種條件的業主合作時更需要思維這一項目的，因為搭配已賦予建案的靈魂更要為其主人打造更有深度內涵的品牌意義。

這個產業也開始隨時代交替慢慢更迭，傳統認知與想法現今也有明顯的變化，許多用心分流的建商，即便起初規模不大，但若努力著重在此一主流之中，都能做得比代銷更好更有想法更吸睛。看著看著，難免感嘆，代銷原創力一年比一年更退化麻木。

學著在平時不斷學習吸收欣賞好的事物、美的做法、意境的呈現，是很重要的基礎作業，在近年的同業市場成績表現之中，可以發揮出此質感擁有超強包裝能力的建案，業績都相當突出。也許建案地點不怎麼樣、也許產品力甚至價錢沒有太多競爭空間，但它就是賣得很好也頗受買方的高度認同，老派前輩可能看不懂為什麼，也許他們覺得根本不怎麼樣。因為不懂得欣賞，所以無法感同身受消費者要的是甚麼，可事實就是如此。沒有人不愛漂亮且具特別的東西，尤其是注重細節上的賣方或企劃，市場絕對會以最實際的訂單來肯定你對所有一切的用心跟認真。

案名：印象強化，獨領風騷。

標語：單刀直入，簡單高雅。

設計：原作創意，巧思妙用。

調性：超越視覺，突圍市場。

廣告：多重搭配，跳脫傳統。

媒體：錢花刀口，創造效益。

通路：人情鋪橋，首重效果。

品牌：深植理念，塑造形象。

做代銷，要引領企劃與設計大綱跟方向，要精準明白指導任務，而非將其丟給他們

無目標的自由發揮，這樣只是凌遲美工及
文案人的創意生命而已。房子不是他們
賣，現場不是他們指揮，業績更不是他們
在承受，這種種的一切，是一個策略者的
基本能力與責任，更是一個建案生死勝負
竅門。

【建築人，沒那麼簡單。代銷人，更沒那麼膚淺。學無止盡，因為要把一個建築物與建案完美行
銷，要吸收跟接觸的領域很廣，而業務所延伸的銷售內容核心也由此為最初發展基礎。包裝與企
劃，非常重要，不可忽視，一個優秀的指揮者，能發揮出設計者的極限，一個平庸沒有想法的主
事者，就頂多生出相當平凡一般及隨處可見的廣告。魔鬼出在細節裡，業績也出在細節之中。】

陸

房產心情。

偏激

｜#房產心情｜買賣理性為上策｜

曾經在某篇寶佳文裡所闡述與表達的重點是，每家建設公司都有其優劣。可以理解無論購屋買價是多少，再便宜都是一大筆錢，對許多首購族而言，那是積蓄，也可能是命根，每個買方都希望對方所交付的房子是無瑕的，能完美最好，可這就是迷思。

所以文章以全台最大也最盛名的寶佳機構來做主題，原意是希望承購此建商的買方可以從最當初的需求動機來再次省思，相信很多人在下決定以前都做過功課，尤其資訊這麼透明的時代，加上寶佳全省推案量甚鉅，不難可以找到許多開箱或是抱怨文。

但為何你最後還是選擇了寶佳呢？說穿了：

1. 地段好：可能這是唯一能滿足你在地點上的需求，可偏偏都是寶佳。
2. 預算低：總價或貸款預算就是無法再提升，可偏偏又是寶佳最便宜。
3. 沒得選：在種種比較後，寶佳建案覆蓋率太高，怎麼看都還是寶佳。

再次強調，寶佳的特色：

1. 全台推案量最大的建商：負評廣盛卻還是無人能匹敵其市占率。
2. 全省最賺錢的建設公司：滿街罵名卻還是有源源不絕的購買者。
3. 全業內最低的營建成本：可以比同業更低的造價所以能便宜賣。

第一點：既然你已心裡有數，又為何要買寶佳呢？

第二點：既然你已心知肚明，又為何要選寶佳呢？

第三點：既然你已知是廉價，又為何要挑寶佳呢？

於是乎在這上面受傷與不好經驗的買方，就成了相當偏激的不平分子，認為只要是有點風向偏賣方的論點，就是祖護、偏心、甚至是為其業配、廣告、收費。但這樣夠理性客觀嗎？

凡事都有因果邏輯，沒有那個因，就沒有那個果，如果寶佳是個品質建商，怎麼可能會低於市場行情讓利給買方呢？又怎麼會以首購產品為主呢？又怎麼會讓你可以負擔得起購屋呢？

買房子的每一分錢都很重要，並非便宜的

房子那就不是錢。而是選擇的問題，你可以選擇存更多的子彈再來決定跳過寶佳建案，你也可以用其他的方式籌備更充足的預算來忽略寶佳，當然你更可以完全不考慮寶佳任何的地段或任何子公司的任何產品。

客觀是存在於天秤的中間，沒有情緒、沒有利益、沒有主張、沒有主觀、當然更不存在於那些不好或好的經驗，當你帶著負面的心情與憤怒在論事，基本上它就不會存在客觀的定義。

寶佳的遊戲規則：一不客變，二不變動合約。

寶佳的推案邏輯：低於行情，品質同比價錢。

寶佳的市場定位：首購首選，先求有再求好。

賣方的立場是：我已經給你區域買不到的價格，你還想要要求甚麼？

買方的主張是：雖然夠便宜但你蓋給我的房子狀況與瑕疵實在太多。

客觀的論述是：堪比行情省下來的房價用於彌補不良率還綽綽有餘。

當買方遇到問題會要求賣方必須即刻馬上無條件解決它，那就會產生爭議或不爽，相對地若賣方也秉持鯨魚姿態，買方也很難得到良好的回應互動或溝通，不是消費者花錢最大，更不是賣方有絕對的主導權，如何雙方良性合作面對狀況才是上上策。

建築物是人工所砌，不同代價本就有不同結論，問題是，在台灣除了寶佳這個詞之外，難道就沒有比它更差的嗎？

答案是否定的，寶佳不過是巨量的指標罷了，每個城市每個區域每個時段每個過程，都有著比寶佳品質更糟糕的建商，良率更低，妥善率更慘，瑕疵率更高，只是沒有那麼大的量體所以能發酵出變成箭靶的比例就會非常低，況且這樣的聲浪是需要廣大的事實經驗者推波助瀾才能成為眾所皆知的海嘯，那些較小規模的賣方不會有比寶佳更多的市占率跟已購客，當然所發生糾紛的消費不滿跟爭議就顯得平淡無奇，進而導致只要是討論寶佳都會成為熱點。

買房子，無論是買一線建商又或是低階品

質，都難保百分百的完美無缺，只差在遇到問題時怎麼解決的差異罷了。

有些公司善於也願意下重本來預防問題，但那種品牌不便宜。

有些建商單純擅長解決買方找到的問題，這種公司質價平衡。

有些賣方單純以經營獲利為主要的目的，這種建案素質不均。

對建築業來說，預防與解決問題都需要一定且具可觀的構築成本。並非像買方所認知的花錢就是老大，消費者買房子賣方應該要包辦到好。這天真無知的幻想在不動產的世界裡不存在，也從來就沒有「俗擱大碗」這種事，那只是個被行銷包裝的觀感與自以為是。有多少錢只能買幾分貨是房產領域中千古不變的鐵則。

建商不是慈善事業，即便是一線品牌，也不會做虧錢的生意。

建商不可能做不會獲利的事，品牌只是走大利潤的長遠布局。

當你想以有限的預算來買房子，請準備好後續可能性會發生的問題，就算不是寶佳，這種機率都不會太低。你可能會問為什麼呢？因為你的準備僅足夠從刪去法裡去挑那個沒得選的。

【偏激無法宣洩你已發生過的不滿事實，與其忿忿不平，倒不如去鑽研如何可以更有效率的解決房事問題。也許你會告訴自己，以後再也不會再買某建商的產品，沒有錯，但前提是，你要先有足夠的條件才能選擇更多元化與更有深度內涵的品牌建商或建案。不然在我的版上扭曲文章內容並無法可以在現實世界幫助到你。】

解讀透天

| #房產心情 | 差別甚異 |

透天、別墅,是很多人在購屋理想上的最後目標,當然也有不少人希望可以在年輕時就馬上可以跳過換屋階段來一住終生,但事實真會如己願嗎?

在思考這樣的需求前,先來想一下,那些住過透天想換大樓的理由是甚麼?也必須要得將透天的缺點與不方便的地方列出來做考量才會比較實在。

1.清潔範圍很大且照樓層分。

2.人口不多顯得較空蕩莫名。

3.家事洗衣帶孩子麻煩又累。

4.若無社區管理要自倒垃圾。

5.若無保全要自收包裹郵件。

6.若有電梯還需吸收保養費。

7.若地段不佳都會較為偏遠。

8.相對設備與裝潢預算較高。

9.蚊蟲昆蟲多是無法避免的。

那麼為何不建議在首購或人生階段尚輕的時候去買透天呢?

1.因為人們在不同的年齡層都會有著不同的想法與顧慮。

2.因為現代人大多換屋頻率高,增值後喜新厭舊很正常。

3.因為房子住得越久東西越多,導致空間感是越住越小。

4.因為沒住過透天別墅的經驗,住了才知道不適合自己。

5.因為買之前想的永遠較單純,住後才知不是那個樣子。

6.因為首購型的小透天不好用,有地有庭有院才是夢想。

透天產品分屬種類也不少,根據不同的產品調性與其成正比的營造成本又各自有不一樣的規劃特點,但也因為透天吃掉太多的土地成本,以致於太貴的精華區或好地段根本無法設計出能符合市場購屋預算需求同時滿足賣方利潤與商業考量,所以近年普遍能看到的較能接受價格的透天地點實在都比較偏,生活機能便利性也比大樓建案會差上不少。

圍牆社區型的透天:隱私安全性較高,也有管理跟社區服務。

地下室停車的透天:空間利用度較佳,建築門面觀感也較好。

中庭墊高型的透天:有獨特中庭風格,出入有高級質感氛圍。

前院停車美式透天：需要較大的地坪，頗受市場嚮往的產品。

刻意規劃的小透天：滿足低總價首購，輕簡三房個人透天化。

獨棟雙拼的類別墅：自宅花園面積大，高價位大坪數的豪宅。

特殊設計的私人墅：跳脫傳統的框架，獨樹一格的稀有規劃。

所以在你的人生之中，究竟哪種透天產品才會是你要的理想宅呢？

30歲時的你、40歲時的你、50歲時的你、60歲時的你，會一樣嗎？

預算一千萬、預算三千萬、預算五千萬、預算無上限，會一樣嗎？

以面積論價格與大樓比較，透天總價高但划算，因為沒有公設比。

以價格論門檻與透天比較，大樓總價低且輕鬆，因為坪數比較小。

但透天買不到蛋黃區，轉手率與需求量也比較少，假若你眼前這個房子還不一定是否可以住到天長地久海枯石爛的時候，就先別想著要找個房子來住一輩子以後不會再換，這是很天真的想法，因為不用幾年就會改變主意了，而且很快地你也會隨著時間跟家庭的成長改變需求。

在台灣不動產商品的世界中，有限的預算無論是買房總價亦或是建商營造成本，都會限制規劃彈性與框架，所以普遍看到大眾化的建案設計都是相當普通且大同小異的。似乎無法有太突破的點子出現，建設公司也好像都想著賺錢營利就好，所以產品也就顯都得非常的平民化，究竟做賣方的初衷是利潤還是創造，都不得而知了。也因為於此，那些相當用心蓋出來的嘔心瀝血，就能立於消費者的觀感之頂了。

【透天固然是個非常適合終極願景的住家目標，但真要滿足透天的好且補足透天的缺，也非一時半刻就能達成。它需要資金，也需要相對應的人生歷練才能造就出不同水準的眼光與判斷，甚至是興趣或喜好。空間創造出價值，空間創造出生活，空間創造出夢想，所以有天有地屬於你的那種大空間，才能容納你人生的一切。在此之前，就務實一點吧，慢慢換屋換上來，這才是比較正常合理的邏輯與思維。】

稅制
對不動產的用意

自103年房地合一稅上路，帶來了幾年房市景氣反轉，交易量與對投資客的衝擊比金融風暴還慘淡，這不僅是影響了新預售建案的銷售量，中古與仲介的成交與看屋量也是急速萎縮。

有人說，因為房屋持有稅太低，根本無法對置產與投資者帶來打擊，但這說法其實在交易原理與經濟金流上是沒有道理與邏輯的，因為持有所帶來的稅賦目標是全民，只要有房子的人都必須每年繳納，即便你是個自己居住用途的平民百姓，也是要付，既然無法針對鎖定目標來課稅，又要如何來衝擊投資者的價差利益呢？房屋稅充其量就是個每年負擔的基礎成本罷了，自然不會太高。

市場的價錢行情，是先有買，才有賣。先有需求，才會有供給，不動產也不例外，每個波段的價位，沒有人接手，就不會成立行情。所以若要抑制投資行為，就要想辦法干涉成交量，因為沒有量，就沒有價，量先價行是消費行為的基本原則。因此想要對過熱的多頭交易熱潮或是想要控制泡沫風險，拉高轉手交易門檻，讓投資客的獲利劇減並且打消這樣的投資目的，才是根本之道。

再來就是要限制短期投機，也就是快速轉手買空賣空所累積的價差會令市場自住買方吃不消，所以得要以持有時間來設計階段性不同的稅額，你要是越早脫手，要負擔的稅額越高，鼓勵人們買房子無論是置產還是投資包租等等，最好放一段時間後再出售，以時間去消化整個房地產市場的投資熱浪進而讓其健康發展。

在103到106年的這段時間，如果你有參與過，就會很明顯感受到這樣的機制的確造成投資客很大的困擾與麻煩。

持有不滿一年，課徵價差之45%稅額。

持有一到二年，課徵價差之35%稅額。

持有二到十年，課徵價差之20%稅額。

持有十年以上，課徵價差之15%稅額。

所以很明顯的政府希望市場交易可以控制在想要賣房子的話最好是放兩年以上，當然為何會以這時間為基礎，自然是以官方數據與市場反應法則來做的有效推估來訂定這樣的稅制。

然而事實會證明，幾年時間過去了，市場

如同生命一樣自然會找出路，從景氣谷底的氛圍在到近年的爆發，在那冷淡的幾年之中也許你對房價沒太多感覺，當然也有很高的機率是沒有買或不敢買，可到了現在，你所期待的價錢根本沒有來臨，甚至比當時更高更貴，導致今天的你認為政府的稅制根本無效也沒有用。

買與賣，都建立在人性上，自住客與投資方也不例外，如果你處在利益圈的外圍，總是會有抱怨或仇富的心態，但假若哪天你也在這圈內，就會用不同的眼光與心情來看圈外人。

以此類推，當政府在打擊房市的時候，你不進場，因為你期待低再更低，便宜再更便宜，但始終沒有出手，因為你貪心的認為房價也許可以冷到十年前甚至更久以前的價格。結果偷雞不著還蝕了米，這是否也是種無形投機心態？是。所以有在這段買方市場說得算的期間傻傻購屋的人們，反倒是真撿了個大便宜，幾年後至今的現在若回頭來看，也許會自嘲一句話是好險你當時有買。

人的心思是很恐怖的，有太多負面人性思維或情緒存在每個人的心中，無法面對市場事實的人是多如過江之鯽，吃不到葡萄說葡萄酸，對那些上了車的人總抱持著房價就是被你們炒高的偏頗看待，好似全世界的不公平都發生在你身上，也總是在埋怨政府沒有為你做事，或是沒做到你預期結論的事，這樣有意義嗎？

房地合一稅制的確有打擊到不少投資客的荷包，是事實。

房地合一稅制的確調控了數年不動產的銷售量，是事實。

房地合一稅制的確改變了置產與投機客的思維，是事實。

房地合一稅制的確造福了不少自住需求的買方，是事實。

房地合一稅制的確抑制了房市行情的迅速上漲，是事實。

既然這些都是木已成舟且是已發生過的真實，又有甚麼好忿恨的呢？況且近一年的市況買方大多數都是自住客。

【如果某天再也沒人有購屋或買房的需求時，又或者是再也沒有半個人要買房子的時候，房價就會直直落，甚至更會崩盤到比你預期的價格還低，因為都沒人要了，價錢也就只是個沒有意義的數字而已。當然這僅是一個假設，它永遠都不會到來，也不可能會有那一天的出現，既然如此，何必去執著於現在你眼前的價錢呢？如果自己是個單純的自住客，又何苦去思索這個社會到底有沒有懲罰了投資客呢？好好買個自己喜歡的房子，是件幸福又快樂的事情，簡單一點不好嗎？】

選戶
邏輯不難

| #房產心情 | 青菜蘿蔔 |

到底哪戶好？

到底哪樓好？

這是很多買方在看房子時會面臨的問題，雖然一流的銷售人員會引導你看賣方想消化的單位，但最終還是得看個人的接受程度，每個條件差異出來的戶別，各有優劣千秋，而建商或代銷，也深知哪個比較好賣或不好賣，所以就會有水平與樓層價差的出現，換言之，價錢可以決定所有的一切，也能滿足大部分消費者的退而求其次。

東西一定要買到最好嗎？其實不然，否則你就不會走進一個需要做這種抉擇的建案來煩惱這樣的問題，好的東西一定很貴，同理好的條件售價也必定高，假若可以接受價錢差別化就另當別論了。

依照市場自然去化的自由抉擇大約如此：大樓中段樓層是最好賣的，但卻不是最貴的。

戶別棟距寬廣是最好售的，但價錢可能較高。

格局方正朝南是最熱門的，但售價不會太低。

採光通風良好是最優質的，但價格會有差距。

在建商規劃的過程中有許多不可抗拒或成本考量等原因來排列設計，所以會有許多無法完美完善或是面面俱到的部分，於此只好犧牲某些戶別來平衡整體的優缺點，以致大部分的大樓建案一定會有比較優秀的產品戶別，也會有特別不受歡迎與難賣的標的或位置。

透過數十年來數不盡大大小小、新舊法規、新舊建築設計等等的建案或商業建築，奇妙的是，無論再多爛多差多麼不討喜的單位，似乎都沒有永遠賣不掉的案例，時間問題罷了。這一點也告訴了我們在市場上，青菜蘿蔔真的各有其所好，沒有絕對或唯一的答案。

加上預售屋它泛及的領域是需要些專業或是具有一定的買賣屋經驗，才會比較可以理解以後成型的樣子，所以很多人有當初看屋的時候跟未來居住會差上不少的感覺，遠不如預期或想像的藍圖。

承上述延伸，可以思考兩個方向，一則是再差的戶別條件，都還是會有人接手，另

一則是在預售階段不要以太過於理想的方式來選擇。因此才會有投資客與自住客的落差出現，兩者間看屋的邏輯與觀念是截然不同的，投資者不會以自己要住的立場來挑戶別，自住者不會以投報的角度來選戶別，但假若以投資目的為前提的話，那賭的可是自己的資本，所以他們也不會貿然太過隨便的去下戶別決定。

在預算許可範圍下的選戶基本原則：

1.棟距：越大越好。

2.樓層：中段剛好。

3.坪效：總價有肉。

4.格局：方正朝南。

5.採光：窗多且大。

棟距上，沒公園選臨路，沒臨路選中庭。

樓層上，有六到十就挑，沒有就往上買。

坪效上，總價低功能齊，選競爭力高的。

格局上，有南邊買南邊，沒南邊避北邊。

採光上，挑有多面採光，沒三面選角間。

在價差制定上也會針對以上給予不同的定價，要便宜買好貨不僅對其他戶不公平外，也違反買賣原則。撤除掉自己的議價能力，正確帶以健康的心態是非常重要

的，既然自己有想買最好戶別的決心與想法，那麼你的成交價肯定會比其他條件差的格局來得高一些。

但也可從這些最好最優質的條件裡去找平衡來退而求其次，便宜一點但也許沒那麼好，可也不太差。其實在投資市場裡很多具有高投報價值的案例往往都不是在那些最貴的單位上，所以競爭力跟脫手性是很關鍵的考量點同時也代表著市場最受歡迎跟熱門的選擇。

也許有人會再問：

這個建案只有朝北戶怎麼辦？

這個建案棟距都很小怎麼辦？

這個建案臨路都不大怎麼辦？

這個建案採光都很差怎麼辦？

這個建案格局都不好怎麼辦？

答案只有簡單明瞭的兩句話：

「喜歡，就接受它。」

「不然，就看別案。」

【一切都是選擇的問題。從大選擇到小、從地段選擇到品牌、從建案選擇到戶別。有時候會因小失大，因為你可能忽略掉了房地產最至關重要的點，但很少會因大失小，因為戶別條件再如何優秀都無法取代地段或學區甚至是建商品牌的影響力。可以開始學習如何挑選一個好戶別，但如何判斷與挑選一個A+建案，更為重要。】

換約
的意義

在預售階段時，簽好了買賣合約書，將其把合約持有人從A讓渡給B，就是俗稱的換約，起初這個機制是為了便利買方在預售期有其他必須要轉讓第三方的考量而做的設計，並非為了讓消費者用做投資轉賣。所以在台灣長期的不動產歷程中，根本沒有所謂的換約買賣，在仲介那端也幾乎沒有承攬過這樣的業務需求，當然更不熟悉於此的交易。

但近十年內尤其在金融風暴後的大多頭崛起，換約成了一種流行，無論原本是投資目的也好或起初是以自住需求而後間接轉賣賺價差也罷，如今預售換約已經是不動產買賣中的主流業務之一，甚至是業內相關人員如仲介或代銷等等，也相當喜歡這樣的模式。不僅快速單純且資金門檻相對較少，投報周轉率高，稅制低，更可以高度運用槓桿做多重化的置產，因此這也是造成了快速推升行情的主要原因之一。

在換約興起前，還有個被熟識的名詞叫「轉紅單」，所謂的紅單就是不動產買賣訂購單的底聯，因為給予買方的那張是紅色的，所以被統稱為紅單。將這張單子上面的持有人名字出售也被投機者當作是一種極快速的超短期買賣工具，而當時賣方沒來得及意會也從來沒有類似的經驗，所以配合度都很高。一方面這可以測試建案公開前的價錢與熱度水溫，另一方面假若供不應求的話，正式開案時還可以馬上以超過原本設定的售價來賣，而這種也算是將換約優點升級的交易模式。

在某些熱門的城市如新竹跟竹北，在區域市場消費者的特性之下，他們對於這樣買房子的方式非常熱衷與瘋狂，也行之有年與被廣盛流傳。購屋也不再只是單純的居住考量，而是比股票更快速回收的理財方案，甚至自己不用出面，由代辦人領軍，只要投入一定的額度在短時間內就能賺錢，以致於演變成現在的案前預購是越趨成熟跟熱絡。

但換約與轉單的手續都必須要由賣方來經手，換言之這套遊戲規則的掌控權都在建商或代銷手上，他們不配合或設定一些規矩，整個市場還是要遵循。早前的紅單轉讓也產生了許多對於銷售現場上的麻煩與困擾，也會造成對個案的負面影響或評

價，所以現在幾乎沒有人願意再配合這種交易制度。而在換約上，也開始限定起綁約的時間，讓投機者不至於因為想要快速把物件丟到市場上來影響賣方第一手的銷售狀況，畢竟二手屋的出貨量還是會有很大限度的干擾，除非代銷賣得非常快甚至是完銷了，假設如此將會大幅度且快速拉升當案的行情。

換約：買方必須先簽屬買賣合約並付清簽約金。

轉單：買方必須先簽屬訂單並付清房屋訂購金。

兩者之間的差異是非常大的，在交易的過程與意義也是完全不同。換約勉強還能稱為是一個1~2年期內的投資，但轉單卻是數周內就要把通路完成且順利出售，是個超短時間的投機，對房市發展是不健康的。

換約轉單的投資風險也不同，不動產的概念基礎依然在於「只要你不缺錢，就穩賺不賠」上，那麼為何在投入以上動機者都曾經失利過？

因為風險管控失敗，因為太貪心，因為槓桿用太大，因為心態不正。

買房子是要付錢的，買房子也必須要交屋的，買房子也要能過貸款。

如果你的購屋資金只抓在簽約金後就付不出來了，怎麼辦？

如果你的購屋資金只抓在開工款後就付不出來了，怎麼辦？

如果你的購屋資金只抓在某期款後就付不出來了，怎麼辦？

如果你的購屋資金只抓在預售期後就無法貸款了，怎麼辦？

如果你的購屋資金只抓在預訂金後就無法負擔了，怎麼辦？

你以為賣方都是笨蛋會在曾經吃過虧後還能如你的願？

你以為建商都希望消費者都是這種人來買他的房子嗎？

甚麼叫投機？滿腦想著要不勞而獲，不付出就能簡單回收，或是在沒有任何經濟資產基礎下能百面穩賺，不需要做風控與避險的投資行為，都叫做投機。其心不正，其行就難為，斷頭跟賠錢是很正常的。

【假使你現在正以預售換約做為投資手段，請先預算並準備好你到交屋前的所有自備款，天有不測風雲，如果房子賣不掉的時候，隨時都有做好長期抗戰的準備，這才是正確的思維與態度。也要有中長期置產的考慮計畫，不是衝動行事，投資不可能沒有風險，將其平衡之後做的決定，才會是一個成功率高的投資計劃。】

置產賺的是
增值率

每個房子或建案與標的都有著自己不同的特點，對於這個有價值的「商品」而言，購屋者可以賺的到底是甚麼呢？自住客與投資客或置產客，又各自是賺取甚麼目的又或是有何好處呢？

如果你單純是個自用需求者，你賺的是居住所要付出的代價，人只要生存在世上的一天，每分每秒都需要成本。自宅，一個容納家庭的空間，自然也會需要相關一切的開銷，如果你為此所耗費的金錢是無法累積回饋到自身的話，那就是個浪費也是個消費。

所以為何人人都需要買房子，因為它是必需品，甚至已歸類在民生用品上，你購買它的行為，也間接地以不動產經濟特質面讓自己的人生爭取到了不少的時間，也許是縮短了你存錢或累積財富的週期，也許是幫助你提升儲蓄的效率，也許是可以為你帶來下一間更大面積或更好地段的換屋標的，這些多半是無形的益處，卻也全部都是你可以賺到的優勢，可能它並非你原本的初衷，但在事實上，這種正向的資產增值案例可是天天都在上演也天天都在創造富人。

有支出，就是成本，也是代價。

有收入，就是收益，也是回收。

若住的支出無法有經濟上的投資報酬，那就是打水漂。

若住的過程還可以回收成本甚至賺錢，就是零使用費。

住有何成本：

稅金、水電費、管理費、裝潢費、維修維護費、家具家電、購屋代收款、買賣服務費、耗材費、瓦斯費、建材更新費，可曾想過，有朝一日這些所有一切的開銷，都可因增值而全數回本？

如果你是以投資為主，現下多頭熱潮，預售換約交易興起，讓很多人對短期建案可以賺取的買賣轉手價差有不少信心。但其實這所謂的增值率，卻因產品不同會有很大的差異，尤其在於地段跟品牌與銷況上的影響就更為巨幅，時機好環境氛圍熱，不代表無腦下注都會有理想結論，事前的功課研究與當下的判斷力至關重要。

現在是一個品牌時代，被揭幕的那一刻起，它也等同了增值保證，甚至是短期與

超短期的搶手目標，買到必賺的口碑與事實也充斥在整個買方圈。如今建商品牌力幾乎可以超越地段本身上的價值，倘若搭配不差的基地位置然而又有爆炸性的銷售成績，那對投資方的投報率而言可說是手上有貨價差隨你喊都還是有人會搶購。

做個差異比較的舉例：

A級品牌，A級地段，A級銷況：A級增值率。

B級品牌，A級地段，A級銷況：B級增值率。

B級品牌，B級地段，A級銷況：C級增值率。

A級品牌，B級地段，B級銷況：A級增值率。

B級品牌，A級地段，B級銷況：B級增值率。

三者條件，缺一不可，所以選擇是緊握脈門的決勝關鍵。

品牌不可讓，地點稍可弱，銷況與市場關注熱度不能差。

品牌可無視，地點得絕佳，銷況與被搶購程度必須瘋狂。

如此你所持有的投資物件，就有很大的機率能短期獲利。

如果你是個長期打算的置產客，就得要好好慎選具有「本夢比」的建案，因為時間與未來的變化，就是你的增值率。重劃區在台灣不動產裡一向有著這樣的魅力，無論是賣方與地產業內想爆發，或是投資方想著某日能一夕致富，未開發跟尚進行中的重劃區都是唯一的答案。如果你持有的物件，並非有高強度的發展性，又不在現況的機能鬧市之中，那這增值空間是相當有限的，頂多只能隨區域核心的漣漪推升行情罷了，版圖變化性與潛力最高的地方才是置產真理。

即使整個市場與所有的房子都是上行的行情，但還是會有差，增值率也可以很通俗的當成殖利率，不是每個標的能為你帶來的經濟優勢都有相同的高度，當然在增值空間與比例越高的產品或地段，其投入的成本與門檻高度也是完全不同，謹記買得好不如買得巧。

【每種需求動機都有不同的目的，縱使那不是你的購屋本意，但也會因景氣循環的型態跟基礎為你帶來所謂的正向增值率，只是它能夠被運作的範圍與定義很廣。求不了最好可以追個大方向，追不了方向可以爭取一個擁有，很多時候傻傻的買、歡喜的住，時間過去也就這樣默默為你帶來了不同的人生階段。如何買得妙，時機點很重要，如何投資得很到位，選擇更為重要。】

進退之間

| #業務態度 | 策略 |

業務與銷售過程，就是在一張桌子上的戰爭，買與賣的立場永遠是對立面，賣方的戰勝點在於買方成交，買方的戰勝點在於未受到賣方引導，兩者之間的對峙，取決於第一線的業務能力。當然在行銷的意義上，這也並非是可一蹴可幾或簡簡單單就可輕鬆成就的，有業績不代表你真的行，業績好也不代表你永遠都能得冠，真正的高手是生存者，是個在任何環境背景時機、任何產品、任何價錢、任何消費者種類、任何狀況與問題都能游刃有餘的去應對解決，而非僅限定於某個框架的勝率。買賣方之間同時也是個拔河，很多時候磨耗的也是意志力與精神的抗爭，所以在這個工作領域上的佼佼者，多半都是帶有成就或某種驕傲感的，因為那種成交時亢奮與喜悅的感覺，甚至會讓你在瞬間當下沒胃口吃不下飯，腎上腺素都因自己在這個努力的過程中開花結果得到回報而狂飆。在這個攻防戰上面，也是進與退的拿捏，不洽當的時機進得太多則會讓買方退卻害怕，該進一步的時候卻沒把握好則會讓成交機會或黃金關鍵點喪失，該退的時候退

的太多也會被對方予取予求，不該退的時後讓步則會令成交難度大幅度提升。所以在這進退之間，考驗的不僅是經驗，更是技巧，也是對陌生與不熟悉的人必須短時間抓住他們是甚麼樣的人種、個性、家庭、動機、需求等等，洞察力與反應速度都是業務必備素養跟基礎之一，要有足夠的敏感度可以隨任何狀況調整策略與節奏。

也許有人會說，業務哪有這麼複雜這樣難，只要能成交不就好了嗎。

也許有人會說，只要經營好與客戶的關係，業績就不至於會太難看。

如果這樣想，就代表還不夠了解人性，買方因為購買需要付費，既然與錢扯到關係，這也就代表了利益的存在。他們的付出，是利益，你的服務收入，也是利益。談到利益，就會有現實的思維出現，因為人人都想賺得多，每個消費者也都想花得少給得少。能賺越多當然就爭取極大值，能省越多也得要爭取到最上限。在利益的前提下，你與客戶之間的感情能相提並論嗎？你的汗水與勞苦，又算得了甚麼呢？

在人與利益間的牽扯，眼前的一切都是屁，沒有成交，就沒有業績，沒有業績，又要做甚麼業務工作呢？又有甚麼資格清高呢？又有甚麼立場論道德呢？

業務，一向都是淺入深出。

業務，一向修行都在個人。

業務，一向沒畢業的那天。

你怎麼解讀這個行為，就可知曉你業務的能力程度到哪裡。

你如果無法定義業務，即便你有好成績那都是短暫的表面。

誠實，是必須的，但那僅限於給買方的觀感。

友善，是必須的，但那僅限於服務上的恭謙。

禮貌，是必須的，但那僅限於對人們的微笑。

坦率，是必須的，但那僅限於介紹上的風格。

智慧長存，有心無口，該說話的時候請說好聽話。

靈巧運用，忌油狡詐，該拿出誠意的時候請無私。

腳踏實地，眼明手勤，該努力的時候別吝嗇汗水。

以退為進，是一個非常好用的技巧與常見的行銷手段，但同時也是招險棋，使用的時機不對用得不好，反而會讓自己沒有台階下。在人們對於一個產品有足夠的購買慾或正面的喜歡與認同時，最後無法下決定的理由往往都是有對某種條件未達滿意程度而猶豫，這個時候賣方或業務以另種負面的銷售說詞跟讓步，也許就能成為將球踢進門得分的關鍵一腳。

但不見得人人都吃這一套，也不見得次次都能夠奏效，這其中的竅門還是在於你對買方有多少的掌握程度，在還尚不理解的時候也別隨意濫用去冒風險，因為它很可能讓你白白浪費了前面所耗費的時間與心血。剖析消費者所有隱藏起來的真正原因，該一針見血時就一個大刀切入核心，倘若無法解決買方的擔憂與顧慮，要能成功收單的機率是相當有限的。

業務其實就是張面具，沒人天生就是個好業務，也沒人天生就會做業務，如何扮演好這個角色，是門藝術、也是道哲學。它

是這樣的博大精深與奧妙，也是個非常有趣的職業特性，你可以遇到各種千奇百怪的人，也能遇到許多莫名其妙的事況，同時也是磨練心性與挑戰自我成長最直接工作。但它卻不是那麼膚淺的，更也不是那麼簡單可以拿來說嘴的，因為所有的人外有人，爬得越高，經驗越深，成就越大，他們就越顯得低調與敬畏，賣房子從來都不是件簡單的事，更從來都不是靠運氣而成的事，也從來都不是一個應該被輕視的事，你越敬業它就會越順。

【客戶永遠都是外行的，也都必須是要被引導的，在人性的基礎之下，買方的話聽聽就好。這也是一個雙方在鬥智的過程，消費者會擔心賣方是否欺瞞他，賣方又何嘗不是會提心吊膽買方是否只是隨便說說而已，互信的原則是雙方共識，而非單向的質疑。單純化一點吧，要想得到別人的祕密以前，就先主動坦承自己的祕密吧，越快可以進入雙方諧和溝通的狀態，基本成交率就會比較高。先多聽少說，先多理解了解對方，不要一昧都只講自己要說的話，一個優秀的業務，要懂得控制場面，也要懂得帶領話題，環環相扣之下，自然離成功不遠。】

熱情牽動著
工作效率

| #業務態度 | 重利則不力 |

眾所皆知，入房產，做業務，不就是為了賺錢，為了賺更多的錢，為了短期內賺到錢，但除了錢之外，還剩下甚麼目的呢？

先有利，還是先有力？

先有力，還是先有利？

短視近利則失大利。

遠眺大局才能長遠。

能理解這道理或邏輯的人並不多，能真正實踐的人更是少之又少，似乎在這個行業領域之中，現實環繞在每個人的周邊，好像你不賺或不這麼做，別人也會這樣做。

先下手為強不擇手段的案例也是老生常談，每個人或多或少的有被同業占過便宜的經驗，也很有可能你就是讓人吃虧的那個人，究竟初衷為何物，究竟終點是甚麼，其實可以參透其中意義的人實屬稀有動物，工作真的只剩金錢嗎？

為了財富入行，為了財富而活，是很悲哀的一件事，如此不僅心理素質不會太過堅強健康之外，更會覺得日子過得很累。辛勤所累積的收入，能否可以守住或自律其虛榮與不必要的開銷，是另一種層次的修行，能否跨越其框架領域再進化與充實更

是一道難題。

先把基礎磨練好，再來深思自己可以擷取收入的範疇。

先把習慣養成好，再來檢討自己可以勝任職務的高度。

先把壓力當吃補，再來想想自己可以解決多難的問題。

先把經驗累積好，再來研究自己可以承擔多少的責任。

先把品格修煉好，再來模擬自己可以成為多正派的人。

循序漸進，不就是如此嗎？難道財富會憑空而降嗎？難道成功與成就都不需要辛勤嗎？如果你都是以利益作為自己的工作動力，可曾想過不順或不如預期的時候，你的動力還會存在嗎？如果你已經有了不錯的收入，可曾想過屆時的自己還會再學習或再突破嗎？

沒有基礎，你的夢想都是幻想。

沒有習慣，你的理想都是空想。

沒有抗壓，你的思想都是胡想。

沒有經驗，你的望想都是妄想。

沒有品格，你的逸想都是瞎想。

邏輯就是如此，反之為何從事不動產相關工作的人多會呈現以此為反向的行為出現？因為前者的因辦不到，只好來抄捷徑。

競爭上，自己無法正面對決，那就摧毀對方跟敵手吧。

同事上，自己無法正向成長，那就搞殘同僚跟公司吧。

要走入負面之道很容易，要汲汲經營實力卻並非易事，能把著眼著力在那個遠方，肯定會有陣痛期，必定會有沉潛期，也一定會有苦難的成長期，如同壓縮彈簧時，看看被施壓到極限的當時它會多不舒服，但當你釋放掉的時候，那積累的能量就可以瞬間爆發。

做事若沒有效率，何必做？

人生有三分之一甚至更多人是將近一半的時間都在工作上，這樣長期的庸碌，如何可以支撐下去、持續奮鬥下去、幾近無限大的鬥志，是很重要的事情。為了金錢又能持續多久？賺到了錢還不是要繼續持續下去，賺不到錢更要持續堅持下去。所以路能走的長才有很高的機會是贏家，路若走不遠，一時的光芒大多都就一眼即逝。

不動產更是如此，甚麼叫生存者：海水退了，褲子依然存在。如果只能活在海水的浪潮中，那頂多只是跟大眾無異般的享受在高點之中而已，倘若連在這種環境還是載浮載沉的人，就代表你的能力還尚不成熟。反之能在沒有海水的時候還可以矗立在業內不動不搖不晃，那才是真正的強者，也才夠資格能稱為是實業家跟生意人。

熱情，永遠都是無限的能源。如何培養自己在工作上、職場上的熱情，是一門學問。再如何的抱怨、埋怨、憤怒、忿恨，都無法為你帶來正面的進展，只會環繞許多負面能量與思維，更會不斷地阻饒自己學習、吸收、成長，嚴重者還會令你誤入歧途走火入魔。想要自己有著源源不絕的動力、耐力、毅力，除了常態性歸零與平常心之外，更重要的是自我必須與絕對性的必要來擁抱熱情尋找熱情建立熱情揮灑熱情，無視利益的熱情，無視許多對自己不公的熱情。

有熱情，你肯定會有做事的效率。

有熱情，你肯定能感染周遭氛圍。

有熱情，你會有正面思考的量能。

有熱情，你會有健康樂觀的態度。

有熱情，你不會輕而易舉被擊敗。

有熱情，你必定越戰越勇越無敵。

有熱情，你學習成長速度異於人。

有熱情，你定會是個業內佼佼者。

有熱情，你將隨時間過去而成功。

【突圍吧、奮鬥吧、既然要做不動產的工作，就需要想辦法為自己的人生得勝。不是利益表面上的勝利，而是各方面向上的勝利。撐下去、要自己撐下去、練習自己可以在頑劣悲觀的環境圈還是能夠生存、成為背水一戰都會令敵人害怕的勇猛之將，想要永不凋零，就熱情吧。】

管委會
素質

管委會不會有外人干涉，全部的成員都是自家鄰居，是社區代表，同時具有相當大的權力，當然這個自治團體的素質與水準，也是由全部的住戶所決定的，這也有點物以類聚的概念，因為當初為何會選擇這樣的產品或建案，大部分的入住與入手客群，都是在購屋時就已註定好的。

在建商擬定推案調性的時候，難免可以推敲出未來是甚麼樣的社區與管委會：大型多戶社區、小型單純社區、中型平衡社區、高單價高總價坪數、低單價首購型、純換屋型、投資型、置產套房型，都會有不同的客群水準結論，尤以建設公司的品牌力道更能為鄰里水準灌注其靈魂。

好的管委會，甚至可以影響未來社區平均行情與售價，因為人人都想擁有好鄰居，但這也非凡人所及的理想，畢竟千萬買宅、億萬買鄰，你想跟上流社會為伍同住一建案，就也得要付出相對應的代價跟購屋預算。

那麼大部分的管委會，為何平均質感低落呢？因為這些成員的成立跟定期更換，都是由住戶之間票選或自願及推舉等等產生，很多人都不想做這種無償又吃力不討好的事，而且工作賺錢都沒時間了，哪來那麼多空閒可以去為社區服務呢？「管理委員會」有著管理二字，真正有著企業經營與管理能力的人在比例上是少數的，剩下那些掌權的住戶，哪懂得甚麼叫做管理。導致許多的決策有很大的動機是來自個人喜好。

首購宅更是如此，這都是環環相扣的因果關係，你因為初始購屋預算有限而承購於此，為何預算不及也因收入或財力關係，當然整個建案的買方也幾乎是相同原因。既然如此，怎麼可能會是在社會上已具有相當程度的成就地位與歷練呢？又或是在某種個人涵養上有為公犧牲奉獻的理念呢？能為整個社區做出大局利益考量且全面化的思維少之又少。

如果你買的是首購宅，別期待未來社區管理素質，會相當普通。

如果你買的是換屋宅，可以多積極投入管理活動，能拉近鄰里。

如果你買的是豪華宅，基本上已同大型商業社團，可培養人脈。

甚麼人買甚麼房子，是很正常的邏輯結論，水往低處流，人往高處爬，不代表你花的錢不是錢，而是每種階段的預算除了決定產品價值之外，更重要的是無形的社區素質，假若買房金額或門檻有限，真的可以很難決定自己左右鄰居住誰。每個賣房子的當然都跟你講樓上是醫生、樓下是老師、左邊是律師、右邊是工程師，然而真是如此嗎？甚麼樣子的建案，就自然是給甚麼樣子的人購買，無一例外，認清事實吧。

社區素質，在你買房的當下就決定好了。鄰里水準，在你購屋的當時就決定好了。以上兩者，管委會的優劣早就決定好了。管理委員會，權力大。當掌權者不具備基礎的條件，那對社區來講可是個災難，不是福音。這個單位裡面的各個委員們，既不是神聖的，也不是清高的，難免帶著個人私慾參雜在其中：誰說裡面沒有權力鬥爭、圈地拉人、圖利廠商、貪回扣財、隻手遮天、胡說八卦、造謠生事呢？

人只要群聚在一起，就會複雜化，越多人，嘴就越難管，人心就越難凝聚：

一個不斷省錢的管委會，不會有個好社區。

一個不經監督的管委會，不會是個好社區。

一個獨斷獨行的管委會，不會有個好社區。

一個狂妄自大的管委會，不會是個好社區。

一個是非不分的管委會，不會有個好社區。

一個沒有魄力的管委會，不會是個好社區。

好的管委會，不僅可以保有原建案設定的公領域完整度、燈光與中庭植栽的維持率、室內空間軟硬體的舒適度及設計質感、不會隨意讓攤販進駐大廳賣東西、不會堅持使用便宜或特定廠商、會小組研究物管公司或維修單位的品質、會積極培養各住戶之間的關係、會主動了解鄰里對於社區上的需求、會改善與協助各種問題或糾紛、會定期回饋管理費用與規劃許多親子及團康節日活動，願意奉獻的管委會才有好社區。

【不要忽略管委會的存在價值，它對整體社區的運作是非常重要的。你家晚上開不開燈、服務周不周到、貼不貼心、空間感是否妥當、植栽園藝有無枯萎凋零、乾不乾淨、夏天不熱冬天不冷、人際氣氛良好、沒有太多的住戶糾紛、修繕維護效率品質等等，這些全部的種種一切都操之在管委會之手，當建案老了、房子舊了，但最終一個社區生命力的維持關鍵都在各委員們上，於此這就解釋了為何鄰里與管委會素質的高度能夠主宰你家未來的出售行情。】

燈不點
不亮

| #業務態度 | 切勿先入為主 |

對許多業務來說，很多話是不知道要說、懶得說、自以為不用說、不想說、沒想到要說、忘了說，不管何者，請謹記消費者永遠都是被歸零的，因為他們並不是內行的職業者，也不見得人人都有相同的經驗與認知，所以如果沒有維持每一組買方都當作一次重新開始的話，是很容易在第一線上失去很多黃金機會。

不要認為客戶都懂得你在講甚麼。

不要認為客戶都懂你沒有講的事。

不要認為客戶都能充分理解內容。

不要認為客戶都能認同你講的話。

不要認為客戶的點頭代表是懂了。

燈不點它，要如何亮呢？在銷售立場上，越有經驗，越是閱人無數，就會越主觀，因為帶起對陌生人的判斷，就越是自以為是。每當業績不佳的時候，難免會怪罪於自己的氣運不好，跟這個案場的買方都合不來，但真實是如此嗎？又或是自己真能如神般的去精準預測每個上門來看房子的人們心裡肚裡裝甚麼水？

在行銷上：

每句該問的話，都不可遺漏。

每句該說的話，都不可忘卻。

每句該提的話，都不可省略。

在業務上：

每個基礎動作都要紮實完成。

每個銷售流程都要標準完整。

每次服務態度都要重新歸零。

在態度上：

每個買方客戶都是衣食父母。

每個銷售機會都是難能可貴。

每個過程都需要會不停檢討。

在原則上：

充分揮灑對職業工作的熱情。

莫忘初衷與做好本分的堅持。

正派且不循歪道的問心無愧。

業務與客戶或陌生人接觸跟相處的時間都不長，但碰著了始終都是緣分，如果第一線都無法帶著客觀的心態面對看待，那業績可能真的就只能靠著燒香拜佛來祈求好運降臨。這些種種都是磨練，不是為了成交，而是為了更完善來進步自己的職業技能，倘若太執著於表現跟成績，事實往往都很難可如預期來實現。

試問：有多少該點的燈，沒有點。

「我介紹很多組累了，懶一下應該不打緊。」

「我這案場賣很久了，這樣銷售就可以了。」

「我的經驗數十年了，不用注重那些細節。」

「我一看就知道狀況，輕鬆應對沒有問題。」

「我認為這客戶沒錢，絕對買不起這房子。」

「我的判斷不會有錯，這消費者不是準買。」

「我的賣法沒有問題，都是客戶的毛太多。」

「他絕對不會買的啦，講再多結果都一樣。」

一個簡單又基本的行為邏輯，如果客戶沒有要買房子，那他走進接待中心要幹嘛呢？如果他沒有這份需求，他看屋又是為了甚麼呢？每一次你所接觸的行銷機會，究竟是要創造一筆又一筆的成交訂單，還是只是為了來對每個買方品頭論足或打分數呢？與其如此，何不轉念全歸到自身能力上做些突破性的挑戰？

沒有順利的道路，只有崎嶇的過程。業務行為也是如此，若能凡事順遂，又何須業務這個產業與職業？資方或業主又何須要聘用你呢？銷售就是不斷在發掘問題然後在解決問題，誰能找到更細節的問題，誰能解決更多的問題，誰就會是贏家。

同時，業務也必須要一直透過客戶來讓自己成長與學習，畢竟這是一道精深奧妙又無止盡的專業技能領域，並非三言兩語就可一蹴即成。能戰勝越多種類型的人，能征服越多種類的狀況，這樣子的目標來養成自身的職業內涵才是業務應該要做的事，成交不是唯一目標，賺錢更不是唯一動機，如此方能成大器。

【業務不容易，容易的事也輪不到業務來做。所以如果你正是一名業務，但覺得自己工作過程是件很簡單或輕鬆的事，那代表在未來褪去的海水時，你很可能是沒穿褲子的那個人。無時無刻，我們都該不停地在檢視自己，無論那是一個成功的結論，還是失敗的過程，只有不停砥礪，才能激出更高昂的水花。燈，不去點它是永遠不會亮的。】

裝睡的人
叫不醒-下

空方的議題一直存在於市場之中，一個產品的需求在上千百個人的看法之中，最終只有兩個結論，那就是買與不買，以及該買與不該買，或是支持買或不買。這兩者的勢力角逐，也就成為了景氣。

買的力道大，就是多頭市場。不買的力道大，就是空頭市場。問題來了，究竟是買的人會喊空，還是手上沒房的人才會喊空？是買得起的人會喊空，還是買不起的人會喊空？這些支持房市會崩盤與期待無限降價的人，是想要尋求更多的同溫層？還是自恃為伸張居住正義的使者？還是有其他的個人目的或利益考量？又或只是單純找個理由來逃避面對購屋買房這件事？支撐這些理論的基礎與理由還在嗎？

甚麼叫裝睡？

甚麼是真睡？

一個明知道眼下氛圍但還是不願去正視與接受現實，就是裝睡。

一個對市場一切都不了解甚至還不到實際的需求時，就是真睡。

試著先思考這樣的邏輯：

請問一己之力能夠影響市場嗎？

請問你的堅持能夠影響走勢嗎？

請問你的訴求會在未來實現嗎？

請問你的認知足夠產生效應嗎？

再來檢視你有多少籌碼：

如果房價沒有跌，怎麼辦呢？

如果房價下跌了，會下手嗎？

如果房價沒有跌，預算夠嗎？

如果房價下跌了，何時進場？

如果房價漲更多，怎麼辦呢？

如果房價沒有漲，還敢買嗎？

如果房價上去了，買得起嗎？

假若現今沒有買賣房需求的話，其實漲跌都跟你無關，你也不會也不需要去關心它。但當你開始了解市場行情，無論在哪個時空背景下，鮮少有人會覺得房子很便宜，換言之，嫌貴都是正常的。但除了不認同與抱怨它之外，還有沒有其他更理想的方式，來讓自己能夠買間房？這時你該面對的應該是真正在居住上的意義與需求重點。

有人會考慮未來的增值空間，有人會考慮以後的脫手難度，有人會怕買了之後房價會跌，有人會擔心買後經濟景氣就差下來

了。其實這些點，都跟住又有何關係呢？你怎麼知道自己多久後要賣會賣必定得賣？你又如何可以知曉未來你家在市場上的需求程度有多高？你又如何預知爾後大環境跟房市走勢？除非你只以投資為主要的購屋動機，否則就不要去想這些問題，那並不會對你在住的上面有任何幫助，因為只是要自用，而不是去轉賣，縱使之後房價漲了，只要你還住在裡面沒有要賣的話，那麼這些行情與熱絡都只是僅供參考罷了。

對於一個要買房的人來說，沒有甚麼比買不到還要令人困擾。

對於一個要賣房的人來講，沒有甚麼比賣不掉還要令人煩惱。

想要的買不到，加價也是買不到，有錢還是買不到，怎麼辦？

想賣的賣不掉，減價也是賣不掉，賠錢還是賣不掉，怎麼辦？

如果你正在裝睡中，那麼以上兩者你將不會客觀看待，因為你只會偏向你主觀的那一方而已。兩頭的新聞還是論點，也永遠只會認同反方的那端，請問如此到底要怎麼買房子呢？又或是怎麼有辦法買到一個自己喜歡的房子？甚麼樣的價格你都還是會嫌貴，就算降價讓利，對一個不願意醒著的買方而言，他也只會認為還可以再更便宜。

叫不醒的你，真的覺得不買房對自己有利嗎？

還在睡的你，真的覺得不動產都是有害的嗎？

其實沒有人可以控制你的思維與認知，也沒有人有義務要告訴你或教你甚麼是正確的房市機制與觀念，更沒有人有必要告訴你他是怎麼過來的。所以叫不醒一個正在裝睡中的人，是一件正常又普遍的事，那麼到底多久才會自然醒？難講，有的人花了數年的時間被現實與事實激醒，有的人用了超過十年的時間才被市場潑醒，但也有很多人從此就一睡不醒。想想也是，10萬一坪的時候都在看衰了，如今40萬一坪自己又該如何去接受呢？甚至到今時今日還是在到處看房子。

在你沉睡的過程中，你的無形損失巨大：一個有做決定的自己，若干年後因此換屋

無礙。

一個沒做決定的自己，儲蓄資產因此難以
成長。

兩者之間，一個失去，一個成長，彼此拉
鋸，兩倍差距，也許你覺得划算，也許你
覺得合情合理。但想想，跟著你的家人
們，卻無法因此有更好的生活或更理想妥
當的資產配置效益，他們也跟著一家之主
的裝睡也一起沉睡下去了，買房子從來都
不是只有一個人的事。

【時間與歷史一向都可以告訴人們方向，那是一個受肯定的且成功率極高的方向，但奇妙的是，
總是有人想要逆天而行，且是以奇怪的主張與邏輯來逆向思考，好似那些所期待的負面世界會來
臨，又好像那些自己無法承受的結論全都可以歸究為不公不正不義。裝睡的理由千奇百怪，何時
會醒，我無法告訴你，但，不會那麼快。】

實登價

| #從業經驗 | 參考價值 |

實價登錄實施至今已近十年，當中也已有足夠的時間證明其工具價值程度為何，在尚未實登前，由於市場交易資訊的不透明化，也讓中古屋成了投資客累積財富的工具，在與一般消費者資訊不對等的狀態下賺取價差，而這也是此政策最大的目的，平衡房市交易之中的行情認知。

但問題也相繼而來，買賣之間考驗的是人性，畢竟購屋金額龐大，沒人想被笑是盤子或傻子，無論你是自住需求的買方，還是要售屋的賣方，買高買貴了不甘願，賣低賣便宜了更不能接受。說來也是，能少付出的總價都是多省下的，能賺高點的價差也都是多的，何樂而不為呢？

在景氣的上下循環之中，在市場夯的程度，實登也成了一種指標考量，但必須客觀，切勿過於盲從信任，它只能參考並不是雙方該追逐的目標：景氣好的時候，通常你買不到實登價，景氣不好的時候，你更賣不到實登價。這中間的行情自然有高有低，買方想追逐的永遠是最低價，而賣方要創造的也永遠是最高價。這一來一往的搓合落差，在認知上有巨大的距離，所以該怎麼以健康的心態來看待，對於一般人在購屋上來說是很重要的觀念，過度不切實際的執著是會買不到房的。

然而實登的議題也從來沒斷過，假登錄、灌水、技巧性合法提高成交數字等等，總之無論是真是假，買方要不認同的時候，怎樣也都不會想承認它。但如果百筆資料中只有幾筆是特別高的，那麼可能值得疑慮與忽略，可若平均數值已達一個地板位階，難不成所有全部的價錢都是假的嗎？倘若如此，政府會放任這樣囂張的行徑嗎？所以最後都還是要回歸一個重點：就是不管是甚麼樣的行情，你還是得要學習接受。

在業內的相關工作單位，對於實登的看法與使用方式跟消費者可是完全不同的，市場延展的數據取用不會以最高或最低價來看待，除非有策略性的商業需求，不然對於自己方的行情研究，都必定是取用中間值及平均數。本也就該如此，買賣就是一個願打、一個願挨，有人買高，當然也會有人買低，只要能成交這就是一筆成功的交易數據，只取相對高價或低價是沒有道

理的，只有被平衡過後的數字才有參考意義。

想要知道自己應該要買賣甚麼價合理，首先要做好時間軸的功課，再者是交易量，最後是市況的需求量。買多於賣，身為賣方要拉高價錢是很應當的做法，但若貪心獅子大開口，你就會成了幫其他賣方抬轎的指標了。賣多於買，身為買方可以多方議價也是應該的，畢竟選擇性多，出價籌碼也就比較彈性，更不用理會那些態度過硬的賣方。成交行情的線性軸也能清楚知道每一個社區的增值空間與成長關鍵點在哪裡，多嘗試各種相關研究，自然而然你就可得出這個問題的答案了。

如果你是買方，不要再把「我要買實登最低價」掛嘴上了。

如果你是賣方，也別再拿「我要賣實登最高價」當要求了。

時機熱：

你要追購屋地板價，那是不可能的。

時機差：

你要追售屋頂天價，也是不可能的。

時機熱：

實登短期創新高價，是稀鬆平常的。

時機差：

實登長期持平行情，是正常不過的。

實登機制的好處對於建商代銷而言，不僅縮短了市場調查的時間，更可以精準快速的推斷下一塊建案應該做甚麼樣的產品規劃與售價。對於一般消費者而言，不僅補平了資訊不對等的透明度與速度，更可以加速普通非專業人士對於購屋價格上面的判斷跟認知好讓買房過程能夠公平公正，也令售屋者有自主的售價意識不至於被仲介或其他方擺布。

整體而言，這是一個讓市場各方都進步的工具，但使用者的心態還是很重要的，當人性成為獸性一般只想著利益，忽略了真實世界上的需求，那對創建這平台的初衷而言是種褻瀆，實際上你也很難因此得惠。

【買低點再更低點，如果有得買，輪得到你嗎？賣高點再更高點，如果賣得掉，還需要實登嗎？現今數位時代下的買賣方是越來越精明，要占到彼此之間的便宜還真不是件容易的事，投資客想要肆無忌憚的大殺四方，也不如從前了。有便宜可撿，仲介自己會先吃掉這是基本遊戲邏輯，有價差可賺，仲介也會自己先撈乾抹淨。為何要先找上你，要則投資資本還不夠多，要則還菜經驗不足，最後則是你可能比較好講話好商量。至於那些只想無腦賣高買低的，基本上除非市場環境很差，不然這些仲介者根本不會想浪費時間在你身上，與其浪費口水在教育你，還不如趕緊找下一組買賣方。】

柒

自我
審視。

『坐而言‧不如起而行』

『富人與窮人的循環』

『競合時代』

『夕陽產業是自己造成的』

『存錢才是最頂級的自律』

『跟自己比賽』

坐而言・
不如起而行

│ #自我審視 │ 說易行難 │

無論讀過多少的文字，看過多少的書籍。

無論腹中有多少理論，心中有多少抱負。

不去實踐起來，那都是空空如也的言談。

年少時，會對專業工具書籍感到興趣。

青年時，會對投資賺錢書籍感到好奇。

中年時，會對心靈智慧書籍感到貼切。

老年時，會對生活意境書籍感到慰藉。

每個不同的人生階段的歷練，都會改變那些曾經有強烈感覺的慾望，有的人白費時間，有的人虛度光陰，有的人甘於平凡，又有的人創造精彩。

那些我們對文字上的道理感到認同，覺得自己就該這麼做，可又有多少人能付諸於行動上來做到真正的改變？

也許有難度，也許有距離，但飽讀詩書的結論並非只是要那個過程，而重點是在於能真正影響到你的所有一切。

坐而言，坐著與人們聊天說地，講著那些老練的語彙。

滔滔不絕又有說服力的心得感想，但自己真是如此嗎？

說，很簡單，只要言之有物，人人都能是個講師。

做，卻很難，但只要有決心，人人都能獲得成就。

文字流傳的意義，書籍的價值性，在於讀它的是個甚麼樣的人，也在於人怎麼去使用它。

看過就忘，不如無書。

缺乏思考，不如無書。

盡信內容，不如無書。

如果知道自己無法因為看過那些文字而有提升或進步，那又何必去看呢，或是又何苦去浪費那些錢呢？

人的進化，需要陣痛，改變舊有的思維慣性，是為了走向正確的路，也是讓未來的自己可以過得更好。

所以那麼多人看過巴菲特的書，但世上也總是只有一個巴菲特，不管是又多功成名就的人物，或是影響力有多大的企業家，他們可以分享成就的路途給大家，可又有多少人能實際模仿那些內容呢？

成功，需要特質，需要能力，沒有這個最主要的條件，看遍所有好文章，都是枉然的。

但為何人們需要從中去吸收，就是在培養

特質，培養你欲望所求所必備的門檻與觀念。

書，不用看得多，精實在文之所義就足夠。

話，不用說太多，務實在行事之道就足矣。

道理不是拿來說給人聽的，是用來讓自己做到的。

如果要令人信服，不是靠說服，而是用成績證明。

起而行吧，看到好的文章，不彷當下經過思考之後，試著改變自己的思維、想法、觀念，如此就能慢慢調整自己的行為與做法，假若無法好好的沉思與吸收，書不過只是個裝飾品罷了，文字也只成了手指滑過的軌跡而已。

【追求進步的人，是既強大又值得欽佩與學習。但那種進步，是在他們精實讓自己善於當下執行，不會拖泥帶水，說永遠比不上做，說得好也跟不上做得實。所以想要有個不一樣的自己，就請在現下馬上立刻思考怎麼去改變。】

富人與
窮人的循環

| #自我審視 | 很有趣 |

如果富人將錢全部都給窮人，會有甚麼事發生呢？

首先，窮人會將這些突然其來的資金用作消費，滿足平時難以達成的慾望，也許會隨著數字減少而擔憂，但卻怎麼樣也無法阻止跟隨著時間一起流逝的金錢，最後，還是一貧如洗。

而富人，雖然一無所有的重新開始，但他們會繼續複製成功的經驗，再一次白手起家而已，最後依然還是會成為有錢人的。

也許在貧富落差的社會之中，大部分的人都能希望達到均富的定義，忌妒也好，羨慕也罷，每個人都想成為人上人，每個人也都會想要有錢，有成就。

均富是永遠不可能會實現的，如同不動產的世界一樣，沒房子的人總是將這些自己辦不到的責任或理由，歸咎在第三方身上，怪罪於建商賣方也好，抱怨投資客炒房也罷，是否這些人們的思維也跟窮人無異呢？

全世界財富掌握在那僅不到一成的人手上。

而那少數人把握著全球大部分的資產資金。

是因為他們先有這些財富，才成為有錢人嗎？

還是因為他們先具備了能獲得財富的能力呢？

富與窮，從來都不是那些身外之物的差別，而是在自己本身的觀念與思維，社會的M型化是令窮者恆窮，富者恆富。

而事實上是自身擁有多少實力會在最後將人種定義成窮者始終窮，富者始終富的結論。

同理，富者掌握了絕大多數的資源，無論怎麼修法改稅，你都打擊不了那些有錢人，只會讓自己更辛苦而已。

窮者想用各種方式來達成均富的動機，成功率是非常低的，唯一務實且有效的方法，就是改變自己想辦法讓自己變有錢，或成為具備擁有財富資格與條件的人而已。

以房子來舉例：

窮者即便無償取得了有錢人所住的豪宅，也繳不起需要相同代價的開銷雜支。

富者即便將房子免費送了窮人，但是很快

他們還是能夠再重新賺起一棟豪宅。

無資源者想占到掌握資源者的便宜，可沒那麼容易。

但人性如此，越是自己得不到的，就越會憤恨不平。

越感無力，就越想要找到一個出口來發洩以致仇富。

不動產一直以來都是資產的象徵，許多人也許一輩子就只會有那麼一間房子，或是只能足夠負擔這間房，但只要改變自己的思維，也許若干年後，你也能成為一個富人。

景氣好的時候，有買房子的人比賣房子的人賺得還多。

一件成交頂多賺個數十萬，但你買的這個標的很可能在短時間就能賺到百來萬，這種事在時機高峰點滿街都是。

景氣不好的時候，賣房子的人過得比有買房子的人還更艱辛，因為你的資產具有可以出租賺被動收入的功能，而售屋業績只要不好與難賣，吃老本過日子的是大有人在。

對於一般人而言，也許要踏入所謂的富者的領域是很困難的，但房子對大部分的人來說，卻是一個極為簡單的為富之道，人人都會買房子，人人都要買房子，人人都需要房子住，在收入數字越有限的狀況下，就越該要買房子，因為那很可能就是未來讓你日子好過的絕對與唯一理由。

如果你很會賺錢，不能轉為資產化，那些努力賺來的，遲早都會化整為零。

富者的投資收入，大部分都會大於本業所賺的數字，因為他們懂得錢滾錢。

沒有人知道甚麼時候房市會大好或大壞，但有房在手，大好時出貨賺價差，大壞時慎選好標的布局，循環在循環，以逸待勞，以租待賺，以時間換取空間，以資產成長換取甜美果實的人生。

【有錢人之所有錢，不是偶然。窮人之所以窮，也不是巧合。找出這其中的原因，列出這之中的比較，總是能組合出來一些因果關係，要改變的從來都不是制度或表面上的問題，要改變的只有自己的腦袋而已。】

競合時代

| #自我審視 | 斜槓製造機會 |

競爭中求合作，合作裡留競爭，在這個競合時代之中，尋找機會與出路，不再像過去以往這樣死板與守舊，多元事業與投資或彼此交互整合支援，會成為未來一種成功率較高的自我培養。

人們在同一時段之中的本位產值都存在著八二法則，每個時代與時間點都會存在著已經覺醒且不斷在努力進步的人，而另外的八成也在慢慢成長中，你今天看不起的他不代表他永遠都會如此，但關鍵在於自己有沒有對得起那正在流逝的光陰。

以前上一代所傳承的是告訴我們要專職好本業，也必須得如此把一個專業做到最好、最精你才會有所成。這個基礎概念是沒問題的，但在如今快速進化與變態的商業社會，也在時代不停淘汰更新產業競爭力的環境中，這似乎會讓自己落入框架之縛而不自知，甚至會大幅度縮減能擴大視野範圍的機會。

時間是個很現實的維度，它可以造化一個人成為強者或是那二成中的菁英，你也可以無視它的存在讓自己活在舒適圈裡耍廢，天下沒有白吃的午餐，唯有不間斷地

充實自我的深度與妥善運用時間所累積的良好習慣並堅持住，時間不會辜負你的。

對於自我，得習慣被社會所看不起，因為人外有人。

對於他人，也不能看不起任何對象，因為天外有天。

上述兩者，在邏輯上是這樣：

每一年都會有成就的新人出現，也會有突然熬出頭取代舊人的狠角色浮出檯面，換言之這些新血從二八法則裡脫穎而出，沒有人知道他們的背後付出了多少辛苦的代價或努力，有人堅持了五年，有人忍耐了十年，有人含辛茹苦了二十年。今天你瞧不起的人，後天也許成為了你必須要低頭爭取合作的對象，今年瞧不起你的人，後年也許他們要低頭跟你自介。

在這個需要多元水平整合資源的時局中，最忌自以為是或主觀排擠。不了解的人，總是會以年紀、資歷、收入、行業別等等外表來給予第一印象的分數，好似要門當戶對才有彼此瞭解的機會。說白了，就是不想對不如自己的人說話聊天或交往。

在我們尚還是幼苗時，越邊緣化越能看清

楚每個人的面貌,誰是狼、誰是貛,一覽無遺,但無須在乎這些面子,因為有種種際遇,才能認清自己的不足與渺小。他們都是成就自己未來所必要的養分,而世道也總會有相應的輪迴,只要做好自己該做的事,只要拓展自己的實力,時機來臨就會蛻變。

做自己不願做的,是改變。

做自己做不到的,是突破。

競合關係之中,是各取所需,是彼此互補,是彼此信任。

不是靠背景,不是靠陰謀,不是靠利用,更不是靠謊言。

如果你做到這些改變,時間會維持住而成為習慣。

如果你做到這些突破,時間會磨練你而大成大就。

但是如果你都做不到,時間也會證明你是個魯蛇。

一個越是強大的人,一個越是有合作價值的人,他們永遠都會記得謙卑所帶來的力量有多大,那是一種改變自己又無法解釋的精神,但卻能為我們的人生帶來美好。記得不要浪費那些沒必要浪費的時間,它是一種無形的投資單位,一分一秒都應該轉嫁在自己的能力與產值或其他有意義的事情上面,先甘後苦總是帶來無限遺憾。

【天狂必有雨,人狂必有禍,是福還是禍,都是自己帶來的結果,一個要吞下的苦果。當你用手指著別人的時候,有四隻手指頭是指向自己的。當你嫌棄與排擠別人的時候,請記得換為思考想想自己,地球是圓的,人也是會長大的,當你把福氣都用光的時候,報應也就跟著來了,求神拜佛都沒有用。】

夕陽產業
是自己造成的

| #自我審視 | 咎由自取 |

夕陽產業，廣泛指的是其經營方向或產品已失去了市場競爭力，但用做不動產還是個人工作價值或自營公司，也是同樣的意思，為什麼不進步？為什麼不敢進步？為什麼害怕進步？為什麼不能進步？

傳統是不能被遺忘，也不能被忽略，但是否再行複製過去成功的經驗已經越來越倍感吃力了呢？若能深入思維探索下去，是不是自己除了那些過去成功過的案例之後就再也無法創新或轉型適應了呢？

如果腦袋無法轉換，眼界也就跟隨著時代變遷慢慢被蒙蔽，到底眼裡看到的是消費者，還是只看到自己，這答案永遠只在主事的人才知道。

誰說五六年級的人無法突破框架？
誰說七八年級的人無法紮根基礎？

平衡是一種盡量兩全其美的方式，沒有一個方法能完美，但卻有一道縫隙可以成就未來的光明，沒有對錯與是非，只有順應環境的改變才能有所不同，你可以稱為這是種進步，也可以當作是開闊了視界，當然這並不代表捨棄了經驗或歷練，而是重新定義理想，老思維越來越不可行了，太

激進風險也是越來越大。

中庸之道成了新時代的做事原則，拋棄主見與固執，捨棄沒有危機意識的一意孤行。

三個條件就可決定發展的潛力，不動產業亦然如此。

1. 前瞻性：現在做的永遠是未來的事，想的也都是還未發生的事，布的也是後面可能會發生的事，不為當下而活，而是為了以後而愁，因為時代變得很快，今天流行的，馬上就退燒，今年有效的，馬上就汰弱。

2. 獨特性：人最怕的就是被取代，為了不讓自己有被取代的空間，其專業與產值的獨特性就相當重要，被利用價值在這個變態又速食社會之中是越來越有選擇權，你為何被欣賞任用，你為何又不被看得上眼，絕對不是環境或旁人的問題，而是你把自己定位成邊緣人。

3. 充實性：也許在過去，長輩或前輩都會不斷強調專精技術有多重要，但在現代，職人精神固然要兼備，但更多的是必須要更會利用時間，做的每件事情都

有它的意義與行動的理由。別浪費光陰在那些毫無建樹又對自己沒有幫助的事上，於此斜槓人生開始流行在許多的文章讀物之中，宣導的是要更活化與充實甚至擴散方圓在熟悉的工作上，賺錢也好、事業也罷，多做必有收穫。

第一線的銷售業務，你成為夕陽了嗎？

第一線的櫃檯主管，你已是夕陽了嗎？

甲乙方的老闆長官，你看到夕陽了嗎？

水平整合與多元合作，漸漸浮上檯面，反應快的人開始放棄所謂的模仿，而是自行創造獨立性的一套，賣房子的、仲介的、管人的、做廣告的、企劃行銷的、媒體的、銷售策略的，如果老是在東施效顰，市場或消費者就會給你無情的答案。如果已經開始會自問為什麼的時候，就代表現在即刻的你必須要馬上改變與轉型。

兩句必須時刻要警惕的話，最好每天告訴自己一次。

做自己不願做的事情，是改變。

做別人做不到的事情，是突破。

每一天的結束，試問自己做了多少改變，即便是微不足道的小事，也能證明你有那個決心了。

每一天的開始，試問自己要做多少突破，即使是日常慣性的小事，也能磨練你習慣自我挑戰。

被人看到永遠都不是運氣，被人意識到你的存在也不是好運降臨。這是個現實又利益化的時代，如果你沒有價值，沒有被人可以互惠或信任的條件，又怎麼會有出路。不管那條路有多難走有多狹窄，但時間不會辜負了你曾經付出的努力，天道也總會好生酬待勤勞。

日陽高照時要意識到那種夕陽產業的危機感，被淘汰的時候往往都已經來不及或損失慘重了，不要為了證明自己而凌遲團隊，也不要為了自尊而苦了與你奮鬥或支持你的人，人之所以偉大是因為彈性無限。

【上與下的平衡，上一代與下一代的平衡，老一輩與新一輩的平衡，舊思維與新思維的平衡，攻與守的平衡。快速進化變遷的時代要教我們的是如何學習適應，而不是因此故步自封。打破環境的圍牆，打破自設的圍牆，打開心靈去勇於接受一切，夕陽也能日不落。】

存錢才是
最頂級的自律

究竟是開源強，還是節流好？

大部分的人都會將重點放在前者，而後者卻很難去克制。

如果你很會賺錢，而且源源不絕又非常穩定，也許還能揮霍。

如果你收入不定，也許偶爾爆發但又吃運氣，那你無法浪費。

如果你收入不高，不僅產值不大且又缺潛力，不存錢就完蛋。

開源是進攻，節流則是防守。

如果你很會賺錢，又很守財善節制，那你終將會是一世富人。

如果你收入不穩，但樽節金錢有度，你會有不錯的資產累積。

如果你收入不高，但積極斤金計較，時間也會給你一筆財富。

節流的忍耐難度遠比培養賺錢的能力還來得高。

因為那需要相當高的自律性，不僅需要正常的生活作息，還要壓抑各種對於人事物上面的消費慾望，在現代社會或是交際之中，更是難能可貴。錢這種東西在大部分的工作收入中都是有限的，可花費卻是無限的，這級距還根據每個人的個性與習慣所產生的差異非常之大，所以當自己無法克制虛榮、比較、享受、荒靡、炫耀、面子、人情等等許多的心理狀態，那個帳目可會隨著時間下來成為巨大的數字。

多數人在一筆錢到手之後。

多數人在以為錢好賺之時。

多數人在過度樂觀的時候。

會旅遊，那個錢去了就沒了。

會買車，那個錢花了就沒了。

會買錶，那個錢戴了就沒了。

會豪撒於生活，會豪買於消費，會豪爽於好友之間，會豪邁於交際過程，因為有了預算，開銷肆無忌憚，但回過頭冷靜了之後，在看看自己存摺帳戶裡的水位，那真的划算嗎？真的值得嗎？真的爽嗎？

也許在勤儉的過程中，總是會讓人感到無聊與沒意義，但那只是段陣痛期，因為人其實沒有甚麼是不能過或過不去的，今天假使你生意事業失敗身無分文的時候，還是得過這看起來很悶很無趣的日子。

反過來看，當你沒有半點資金後盾的時候，人就會開始回憶著：

那些我借給別人又拿不回來的錢總額有多少？

那些我在毫無節制過生活的開銷總額有多少？

那些我在瘋狂購物買東西的浪費總額有多少？

那些我在虛榮名牌買車子的無謂總額有多少？

那些我在平時不必要的支出累積總額有多少？

當你有記帳的習慣，算著那些隨著時間過去而流逝的金錢，那可是筆相當可觀的數字呀，但抱歉那些全都回不來了，那些可是你曾經努力用血汗換回來的收入與工資，但你一點都不珍惜它所以它走了。

人又有可以多少次重新再來的機會呢？

又有多少人可以有重新再來的能力呢？

沒有天天都在過年的好事，危機總是伴隨在安逸之後，當你覺得賺錢太過於輕鬆的時候，必須要非常警戒與擔憂害怕，因為那並不是好事，也代表爾後要補足付出的代價可能隨之降臨。對於難以預測的未來，節流會幫你做好準備，當有那一天發生時，你會慶幸自己在最早當時就有這份自律與每天辛苦的習慣去累積並儲蓄有限的子彈。

其實在人們生活的周遭一切很多慾望是多餘且不太需要存在的。

我們只能在限度的資源裡去做到平衡，這樣才有機會創造理想的晚年生活，人與錢，密不可分。人在錢在，錢不在人難生存，因為所有的東西都需要資金。一天省一小錢，聚沙終可成塔，滴水總成河。

把這觀念用在買房上，不至於太多浪費無謂的時間。

把這觀點用在生意上，不至於會有太差的資本體質。

把這習慣用在生活上，不至於有太難走的人生路程。

很會進攻的人，短暫間你是贏家，但能否是生存者，還不知道。

很會防守的人，短期間你會難過，但生存

到最後的，都是贏家。

每個人都在以有無形的浪費在買經驗學教訓，切記別花得太多，用理智且完善的思維好好控制自己的慾望，存錢才是最頂級的自律。

【好省以暇，善於儲蓄的人，是絕對性的強者，也是相當值得佩服與學習的對象，因為他們用自律拉開了彼此間的資產財富差距。你把後備資源都揮霍掉了，他們卻充分的建立資金後盾，當意外與衝擊來臨的時候，你垮了，他撐住了。當需要攻城掠地的時候，你資源不夠，但他卻有足夠的實力把你排擠掉。人生不也是如此嗎？】

跟自己
比賽

| #自我審視 | 另種層面的無視他人 |

世界上最可怕的事：比你優秀的人，比你還努力，甚至還不間斷不停止與不要命的努力。這個比，其實並非強者在跟你賽跑，也並非他要證明給誰看，而是對自我的要求與期許跟目標，這份執著，讓他可以突破每個成長階段。自己，一向都是一個矛盾的名稱，看似乎自己是最了解也最認識的它，但其實，我們的人生就是一直在挖掘它，開發更深層的自我，去挑戰與探索更真實的自己。

人比人，總是會氣死人。小時候長輩對孩子的要求也常會聽到那種奇怪的比較值，給你一個框架叫做「不要輸給別人」。但為何不能輸，卻也無法告訴你實際的理由，為何要以這個他人來當作衡量自己的基礎，也不知道。成熟後才漸漸明白，輸給別人並不可恥，敗於他人也並非是件丟臉的事，可你有否從中學習吸收點甚麼，有沒有因此進步成長，才是比那些比較還更重要寶貴的東西。

習慣被看不起吧！這樣別人會對你放下警惕，少些干擾。

習慣被人看扁吧！這樣才不會活在別人嘴下，專心自我。

做好自己該做的事，比甚麼都還重要。

做好自己分內的事，比其他人都重要。

跟自己比賽，追自己的背影，甩開與過去自己的距離，創造未來更優秀的自己：這才應該是每個人最該投入一切的理由與動機，投資自己有很多種方式，但可惜的是大多人們都待體力差了、年紀大了、心已倦了的時候驀然回首才發現自己已浪費了太多太多的時間光陰在無謂無意義的人事物上面，此時後悔懊惱也晚了。

時間一向都是個最現實的維度，也是人類最大的敵人，因為每個人都想對抗時間：無論是想保留暫停住那個開心美好的，還是那個成就巔峰的過程。但沒有一個人可以控制它，我們最多能做到的是，如何有效有系統有意義的去運用來造就更好的自己。

如果你充滿了人生的理想、夢想、甚至是幻想，並非一輩子都無法實現，也絕非那就是個痴人說夢的故事，怎麼實踐，在於自己。怎麼提高成功率，也在於自己。不是家庭、不是父母、也不是公司、主管、

老闆、同事、朋友，因為努力永遠都是自己的事，然而你有多少的潛能跟發展機會，也都在於你如何去建構基礎。

20歲時的青春年華，你在做甚麼呢？

30歲時的而立之年，你在想甚麼呢？

40歲時的顛峰之年，你在幹甚麼呢？

50歲時的結果之年，你還在奮鬥嗎？

60歲時的享福之年，你還在苦勞嗎？

每個人的一生，都是固定的。不過先苦後甘或先甘後苦罷了，這個觀念，其實應該在初出茅廬時就該理解，雖然在大部分的人眼裡這不需要那麼早去想它。可也因此，讓你的黃金歲月就這樣白白浪費掉了，時間不會回頭，你的生理機能與體力跟年輕時的幹勁也隨之流逝，要再零資源的重新開始，那成功率可就更低了。

「別人笑我太瘋癲，我笑他人看不穿。」當周邊人都在玩樂的時候，為何你也要選擇一同？當朋友都在無所事事或言不及義的時候，為何你也要選擇攪和？每個階段自己是否要拚、要衝、要混、要玩、要虛度，都是自己的選擇，前因如此，後果自然很快降臨。當然你也可以選擇走一條自己要走想走與堅持前行的方向。

當人們的高度不同了，自然疏遠也就出現了，這是物以類聚，也是近朱者赤。如果你的人際圈無法跟你彼此成長，彼此勉勵，強強聯手，惺惺相惜，那要則不久的未來你將無法追上好友的節奏，亦或是反過來好友無法跟上你的步伐，但不管是何者，交情肯定會漸漸淡忘，可能連溝通都產生了極大的距離而慢慢走遠了。

但且謹記，你不是為了跟誰一較高下，更不是比成就與財力，而是為了追求更為突破的自己。理想很貴、需要汗水的代價，如果你想照顧更多的人，想要施以更多的惠，想要造福更多的群，想要給家人與另一半更好的環境，這些種種全都需要你的努力、奮鬥、積極、認真、拼命、毅力、學習、勇敢、堅持與專注自我。

獸有獸性、人有人性、現實長存於社會之中，人與人之間看待的那種珍惜也僅存在於善緣好緣裡，進步地越勤、成長地越快、基礎越紮實，難免會遇到上天給你一次或再一次讓你防不慎防的挑戰，因為你需要也必須要學習得更多，雖然可能會造

成傷害、苦楚、煩惱，但不要緊，時間也
總是會給你一個最公平的交代。

學會看透自己、學會面對自己、學會檢討
自己。

學會做好自己、學會追逐自己、學會挑戰
自己。

別人怎麼說，那是別人。

別人怎麼看，那是別人。

別人怎麼想，那是別人。

當我們都能對自己省思地問一句：一切是
否問心無愧？

如果是，那就繼續無視他人然後再勇敢繼
續向前走吧。

【人生亦難非難，看似容易，也非那麼簡單。做人有趣的地方是過程，踩過崎嶇難行的道路，回
過頭來總是心生些感謝之意，沒有你們，我無法堅強。沒有困擾的順遂，那是帶毒的果，天將降
大任，必定苦你、煩你、勞你、餓你，但那都是值得的，因為這些都是為了養成更甜蜜的果實，
一個屬於自己未來的結果。】

捌

地產
知識。

『 通膨雞排論 』

『 公設不是拿來用的 』

『 推案地段決定品牌調性 』

『 越來越小的空間 』

『 最荒謬的土地制度 』

通膨
雞排論

許多人可能很難理解，為何通膨會影響房價，又或是到底房價不斷上漲跟通膨又有何關係，人們可能敏感於現行的房市價錢，卻有很難去正視在貨幣與物品之間的連結，尤其對於首次購屋與沒有太多這方面經驗或經濟概念的消費者，更難以接受。

以長遠時間的民生食品作為一個大眾舉例：

20年前，一塊雞排30元，這售價對賣方而言有固定利潤數字。

20年後，一塊雞排70元，這售價賣方的利潤數字與上述相同。

相同的生意比例與平均售出量，後者並沒有因為售價的提升，而讓賣方的收入增加，也無因此有額外受惠或得利，可這中間的價差，究竟讓消費者額外吸收的空間轉嫁到了哪裡？

存在我們生活周遭的各種產品，都有它生產線的上中下游，要把這商品製造出來到人們手上是有各項成本的積累，比如能源、店租、人事、稅金、原物料、技術資源等等都是。

而用於計算這些價值的數字，就是貨幣，當大環境的金融政策或者經濟條件，讓整個國家、世界與社會的資金氾濫，錢越來越多，相形就會讓有限的成本資源價格越來越高，也或是因為各種不可抗拒的因素或規定，令中間段成本相扣影響漲價，這都會造成直接或間接性的通貨膨脹，這價差走到最後都是全民買單。

那麼我們在這20年前後的薪資不變，但民生基礎消費依然存在，生活壓力與難度也隨之上升，如同以下狀況：

20年前，買一塊30元的雞排時我口袋有100元，最多能買3份。

20年後，口袋並無隨時間變大依然只有100元，卻只能買1份。

所以你的錢變小變少了，所以你的貨幣貶值了，所以你那不會長大的薪資收入變薄了，所以你應該要開始想辦法讓儲蓄數字成為可以成長的資產並且它能隨著時間不斷地的增加。

如果你在20年前將那3份雞排存下來，直到20年後在賣掉它，是否資產價值就隨通膨成長了兩倍呢？既然薪水不會變動，那

假如我把這個數字轉換成會跟隨物價一起上升的標的呢？

先撇開房地產會增值的其他理由，單純只看待為了建構建築產品所需要的那些中段成本，其實你不過是把這20年的薪資存在一個原物料最大宗的集合體商品罷了，只是它因為通膨的滾動同時也將你的儲蓄資金數目拉高，這時售出你可賺取時間差。

這邏輯很多人都懂，尤以對理財與投資概念甚佳的，更利用其原理讓自己的財富借力使力越滾越大，所以貧富不均，所以有錢的人越來越有錢，窮的人則越來越窮，但如果你的思維與觀念想法通了，其實你也很有機會在未來可以成就這樣的結論。

時間在走，地球在轉，這世界不會因為任何一個人而停，更不會也沒辦法因為你去改變所有人的大數結論，我們都很渺小，要懂得在這個環境中順勢而為，借用外力使自己成長。

通貨膨脹的經濟世代，根本不會有停下的那一天，未來的產品價錢只會越來越高而貨幣價值是成反比的越來越低，人們不應該因為現今所看到的行情而卻步，相對應

該更勇敢才是，因你現在所做的決定，是造福未來的自己與家庭，更何況房子不是雞排，並非吃掉就沒了，而是價值永存在那，因為你我都需要居住。

誰叫你不是在20年前有購屋需求。

誰叫你是到現在才有買房子需求。

那是否這樣叫做早點買早享受呢？

那你現在不買以後又該如何享受？

20年後的你是否還會有相同抱怨？

20年後的你是否還繼續同樣循環？

有多少20年前到現在都沒買的人？

有多少10年前至今都不敢買的人？

你想讓自己步入這些人的後塵嗎？

【希望能引用淺而易懂的舉例，讓對於有著購屋需求的買方更能有深切的認知與體會，其實你買與沒買，都跟我或任何人沒有關係。但為何要這樣去闡述買房的重要性呢？因為這件事的本身就是個好事，在實際的經濟循環與我們的環境之中，買房子的好處實在太多了。反之在十數年經驗與看過無數個想以一己之力對抗整個市場的天真消費者之後，深刻感嘆到底甚麼時候他才能去正視面對自己逃避且懦弱的心態？又到底甚麼時候他的資產才能抗衡於他的收入與通膨呢？想想不為過，別讓自己成為了那個自己不斷抱怨財富M型化的窮者那端，沒有人害你，是你拖累了你自己，因為你正在裝睡中。】

公設不是
拿來用的

| #地產知識 | 思維 |

大樓建案的產品都有公設比，對買方而言，那也等同於自己有花錢的部分，無論你要或不要，這都是必須要接受與負擔的地方。

既然都要花錢買，那是否買方也得講究一下到底社區建案的公共設施有哪些，豐不豐富好不好用，當然這也成了一種市場比較。

以建設公司的角度而言，公設有非常多的表徵，同時一個建商的建築經營理念或用心程度，從他們對公設的態度就可知道一二。

著重要求於在公領域包含外觀設計的建案。

滿足社區各客層來豐富公共設施項目內容。

只想省錢馬虎了事簡陋又單調無奇的建商。

將所有細節發揮到極致並講究深度的公設。

市場上的產品琳瑯滿目，各建案爭奇鬥艷，也都強調著自己與其他同業不一樣的地方，但事實上還是有許多的分門別類，

照著上述大約四種不同大方向的建設態度所出品的建案調性或售價，也會吸引著不同族群的消費者集聚購買，好的東西不見得賣得好，廉價的東西也不見得就沒人買，但往往人們關切的重點都會是在商品售價上。

公設其實不是拿來用的，這是一句出於名設計師的口頭禪。

大部分的消費者只會認為公設就是公共設施，其實不然，它包含著：建築外觀與燈光、基地內外部的一切、車道與地下室、梯廳與逃生梯、每層廊道跟門牌、電梯車廂與門面、信箱設計跟公共廁所、頂樓空間、再來就是各項公設的內部設計，這些種種的成本可以用的很便宜，也可以用的很高級，當然也可以聘用各領域的大師，也可以自己隨便弄弄，建材或工法上也能很考究或者是簡單處理就好。

公設是用來塑造氛圍、人文、調性、設計、其次才是功能。

在你看房子的過程，會怎麼看待這些內容其實也注定自己是哪一種客層，是嫌棄公設都是種浪費、還是覺得公設項目要有多

滿就有多滿才會比較划算、還是看得是種格調、又或是在於設計感上、還是在乎的是賣方規劃的眼界，這都對於你未來的住宅有不同的定義。

其實大樓的流行，除了總價比較低讓人們好入手之外，最主要的還是在於這些種種細節也將會決定你的周遭親友或市場怎麼看待你的眼光，然而這些條件也不一定是豪宅建案才會擁有，在現況競爭激烈以及時代的快速變遷，許多建商也都意會到複製貼上無法長期保有競爭優勢。為求生存很多人也是不斷年年追求著進步，不管是被評價為一線還是三線品牌的公司，其實一案一案下來都有明顯突破。

那麼消費者也應該更注重於此，才會刺激賣方去正視，不然你還真以為那些你很少用的無公設社區比較實在嗎？那只是幫建商省錢而已，而且可以省下非常多的造價。公設別只用自己的角度來看待，因為那只會令自己吃虧來造福建商的利潤與荷包，應該專注細節。

市場上常見賣方產品的公設分類：

1.新加坡式或小基地規模幾無公領域設計如公寓。

2.簡單配置無設計師且公設單調普通的首購社區。

3.大基地開發公設豐富多元應有盡有的首購社區。

4.中型規模少戶中大坪數但平凡無奇的換屋建案。

5.高單價總價具大師高質感設計作品的換屋建案。

6.一線或品牌建商保有特殊風格作品的系列建案。

7.量化大型社區但很強調外觀與公設的系列建案。

8.著重高周轉與利潤且一切從簡省錢的建商建案。

9.沒有長期經營打算且沒有內涵概念的建商建案。

10.缺乏經驗與資源相當有限且外行的建商建案。

市場上常見消費者對公設的態度：

1.我很忙沒有時間用那些公設對我來說沒有意義。

2.公設以後都沒人用沒人管形同虛設浪費

養蚊子。

3.公設多代表管理維護費高所以寧願甚麼都沒有。

4.外觀還是公設甚麼的都不重要只要便宜就行了。

5.公設多代表公設比很高所以認真的覺得不需要。

6.很在乎建築外觀也很在意房子美不美漂不漂亮。

7.認為公設可以帶給家人許多生活上的充實便利。

8.很著重建案上一切的細節設計貴一點可以接受。

9.覺得公設氛圍與設計質感會是決定購買的關鍵。

10.既然公設都是無可避免的花費不如選優質的。

一個好的案子它的舵手在於建商有沒有要打造它的心思。

相對一個好的案子它能吸引的也是會欣賞它的消費者們。

好的案子住的鄰里自然素質也是同等成正比的較有格調。

普通的案子住的鄰里自然也是完全不在乎或不懂的客群。

環環相扣下來也就注定了好的建案具有高度的市場價值。

【公設不是拿來用的，公設不是拿來給你用的，這對於買方來講是非常重要的購屋概念。公設是拿來看的，公設是拿來享受的，公設是拿來提升質感的，公設也是建案的附屬價值，公設也是用來創造鄰里水準的，這一切的總結也是在告訴人們，一個好的建案，其實不只在於價錢，你越想省，建商就跟著省，大家都想省，你也就等同住在國宅裡。】

推案地段
決定品牌調性

｜＃地產知識｜王中之王｜

每個建設公司都有著自己的堅持與經營思維，有的放眼遠界、有的著眼當下、有的投機心態、有的穩紮穩打，那麼怎樣來看待一個建商是甚麼樣的格局，看推案方向就可知曉。

任何商業住宅的原物料都離不開土地，同時它也占據了最大的成本，因此建設公司的投資門檻是相當高的，因為至少你得要買得起土地。但土地又分類多種，是蛋黃區、鬧區、重劃區，還是蛋白蛋殼區、郊區、山區，是大是小，還是有其不同產品的限制等等都會產生所謂市場定義一二三線建商品牌的等級差異。

以自有資本現金來做門檻規模定位：

有數千萬元的建商能做的產品很狹隘。

有數億金額的建商能選的地段具彈性。

有數十億元的建商能玩的規劃無極限。

以推案產品性質來做市場品牌定位：

只蓋平價小規模透天的建商不是過度保守就是資金有限。

只買蛋白蛋殼區推案的建商大多就是能賺能做就可以了。

專蓋高單高總價豪宅的建商不僅財力夠也多保有其特質。

只推低單低總價首購的建商都是求高速周轉成長的營利。

甚麼都蓋也沒有框架的建商就是跟隨市場風向反應策略。

跨領域沒有本業基礎的建商只把它當作個投資生意罷了。

堅持只蓋在特定區域的建商是為了塑造品牌與創造調性。

不做槓桿與貸款推案的建商是為求低風險的財務穩定性。

市面上的建設公司種類多元，也許你我常看到的名字都不陌生，但事實上還有更多的建商也許是聽都沒聽過的，每個買方都希望自己所選擇決定與住的房子都要具有一定保障的品牌，但那並非存在於賣方真實當中，要知道，很多建商可能連個基本辦公場所或公開營業處都沒有，如此你如何能預期賣方品質性呢。

當然每個公司也都各有著自我期許的目標與方向，大多數的人還是希望自己的事業與企業能越做越大，可在不動產的世界裡，建商就如同是每個人都有其自己的個

性一樣，有些人敢拚、有些人敢衝、有些人敢賭、當然也有很多人寧願活在安逸。

土地越貴的地方，越貴的標的，其實也等於證明那是一個市場比較有高度認同的區段，所以價值性高，所以房價可被接受的程度也會比較大。於此能在蛋黃區推行一個具規模的建案，代表著當建商的實力並不會太差也或是具有一定的資源水準。

每個大城市也都有地段等級上的分類，有一線建商、一線建案、自然也會有一線地段，如台北大安區是豪宅指標、如台中7期是豪宅聚落、如桃園中正藝文特區是高價宅集中區，以此類推，這些定義除了賣方本身對自家建案調性的堅持外，也是市場機制衍伸出來的結論，因為某些產品就只能適合在某些地方出現，相對在某些地方也才有適合可以規劃出某些特殊性極高的產品特質。

要做為一個知名度高的建商，推案量一定要大。

要做為一個品牌度高的建商，推案價一定要高。

要做為一個知名度與品牌度都成正比高的建商，不只要有想像力，更要有財力，還要有膽識跟願景，所有條件齊聚一堂的時候，市場與消費者的眼睛與感覺就會將你推崇神拜。

即便如此，可能還是會有例外，就是量產商業化的建商，他們甚麼都可以蓋，什麼都可以嘗試，他們資源龐大，只要有錢賺就行了。他們不見得會擁有理想，因為他們的理念就是大數理論。所以他們的產品不一定會便宜或貴，但品質的維護等級就會因成本提升降低，對於賣方而言，這就要在收益利潤上取捨了，所以規模大或市占率高的建商，不等同於他會擁有很優質的口碑。

要做一個知名度高的建商，推案地點一定要好。

要做一個備受關注的建商，推案土地不能太小。

要做一個品牌度高的建商，推案質量不能太差。

要成長的第一步，就是要創造高知名度。

要成長的第二步，就是要有市場存在感。

最重要的那一步，就是要有一定品牌力。

如此在很快速的時間內，就會有相應水準的市場定位與調性，達到這樣的目標時，要設定建案的上限值就可拉大，甚至還能大幅度降低推案風險，同時還能增加購地布局的預算。

如果你是買方，要判斷眼前的建商，其實不難：

推案量、推案地點、推案產品、業績產品調性、包裝手法、企劃內容、行銷方式、設計風格等等，資訊發達的時代，手指滑滑很快就可以收集到供參考的資料，假若連網路都找不到甚麼相關資訊，那就是標準的小規模或新創立不久的建設公司，越缺乏可以做分析的訊息，也就代表他們目前還尚缺被討論的實力。

【每個地段都能襯托起不同價值定位的產品與品牌，每塊土地也都可以被賣方賦予出不同的靈魂內在，所以如果不能走出思維的安逸圈，其實想要能一躍舞台的機會實屬不高。反之應該更要把握也許可以抓住的機會，這樣才有將未來理想發揮出來的空間與彈性。】

越來越小的
空間

| #地產知識 | 變遷 |

高房價時代指的是單價隨時間越來越高，這樣的指標也讓市場買方普遍感到與過去的房價比較幾乎是高不可攀，賣方也有著相同的顧慮，為了順銷與符合大眾市場的預期，單價壓不下來是成本的問題，既然無法改變這事實，只好從面積與坪數來下手。

總價是相當重要的購屋要點，尤其首購族，能降低自備門檻與負擔房貸的壓力考量關鍵都在總金額上，所以強化在此坪效的建案上，近年都會有相當不錯的成績表現，且在自然去化率跟消費者需求的關注程度都很高，這也代表時代轉移後的不動產供需市場結構版圖也在改變中，不同的房價行情背景生命自會尋找出路。

有持續一直在看房的人們，總是有特別的感觸：房子越蓋越小了。比起十年前、二十年前，同樣的三房機能，室內空間不斷被壓縮，想要換屋但總價越來越高，所以有些買方會因此特別去追蹤中古屋，因為以前的公設比低，法規要求沒那麼嚴謹，使用面積比新建案划算多了。那麼以後呢？未來台灣的房子空間走向？

東京跟香港會是一個很好的借鏡值，寸土寸金的土地與城市價值，要住進蛋黃區的能耐可不是一般人可以享受的。過去是三坪當一坪用，寬度深度高度都要大，現今是一坪當兩坪用，夠用就好，未來可能會成為一坪要當五坪用的窘境，不僅是堪用，甚至會改變以往傳統的使用習慣來從格局與生活上做變化，最終只是為了滿足可以買得起房這個重點而已，面積與坪數越來越小是必然的。

90年代，首購透天多在70建坪+。
100年代，首購透天僅60坪出頭。
110年代，首購透天剩50坪左右。
90年代，三房大樓多在45建坪+。
100年代，三房大樓僅40坪出頭。
110年代，三房大樓剩35坪左右。

先求有再求好，已經是現代人首次購屋的基本法則。沒擁有，何來資格談大小，所以能否滿足眼前家庭機能性就夠了，三個房間、兩個廁所、有客廳餐廳，其他就在總價上能壓多低就買多低吧。以致於很多買方在看屋的時候都充滿了些在這上面的疑惑與考慮點，房間那麼小到底夠不夠

住、夠不夠用、以後會不會難脫手，其實人對住的空間能容忍的潛力彈性很大，因為只是習慣的問題而已，漸漸地隨時間過去，也許十年後你會覺得今天這間被嫌小的房子其實還挺大的。然而賣方也會繼續隨市場調整新格局需求的節奏。

誰說三房一套半衛浴沒人用？

誰說三房僅一套衛浴沒人要？

誰說一定要有餐廳獨立空間？

誰說廚房就一定要是封閉式？

誰說客廳必須要有足夠面寬？

誰說房子就一定要有前陽台？

雖然這會影響生活的品質，也因為空間限縮大幅度得必須強迫改變人們的生活習慣，但在趨勢之下，每個建案都是如此的時候，消費者也不得不妥協，只不過現在還沒到達必須要如此的市況，但若單價與成本再不斷高下去的話，總有一天台灣不動產的蛋黃區與密集都會的一級戰區推案都會規劃這種超高坪效型的產品。

有看過25坪的三房兩廳一衛一陽台嗎？

有看過27坪的三房一套半衛一陽台嗎？

有看過29坪的三房兩廳兩衛一陽台嗎？

有看過30坪的三房兩廳兩衛雙陽台嗎？

如果要突破，其實可以再更極端的調整格局創造更低總價的三房，陽台少一個、衛浴少個一間半間、客餐廳共用，誰說室內15坪不能創造三房產品？傳統觀念與居住文化可能難以接受，但消費現實就是如此，要擔心買得起與買不起的問題，不如先創造一個大眾化都能負擔的產品，而後隨時間讓市場去適應習慣它。這樣的推案環境，再不用幾年的時間，台灣房子東京香港化也只是時間問題而已，甚至以後連客臥房也頂多剩下1坪多的單人蝸居了，多功能型的床櫃桌或複合使用型的收納裝潢設計與巧思將充斥在住宅印象裡。

太貴的土地，透天故意不將容積用完來壓低總價。

太高的成本，大樓故意放大總戶數量來壓縮總價。

建築師為了滿足業主的市場考量，也被迫要攪盡腦汁來突破前所不同的格局框架，為的已經不是要創造建案價值了，而是如何讓首購族買得巧妙，如何讓產品具有獨特高競爭的坪效。

怕會失去嫌太小的買方嗎？那就規畫合併彈性就好了。

怕會失去太傳統的買方嗎？那就來配合客變精裝修吧。

怕會失去高預算的買方嗎？那就錯層來做傳統格局吧。

多少建設公司還在省腦袋？

多少建設公司還在省造價？

多少建設公司還在省麻煩？

產品是死的，人是活的。市場是死的，設計是活的。先求有再求好的不僅是消費買方，供給賣方更是應該要有此一著。時代在變、市場在更迭，順應時局的不同改變配方才是上上策。

【十年一轉，買方不僅胃口改變了，需求方向與看屋原則也慢慢地跟十年前有很大的分歧。對多頭時下與空頭環繞的反應也不同了，複製貼上似乎越來越吃力，那些舊有的成功經驗風險也越來越高了。能否可以對消費者與買方將心比心的換位思考再轉換到產品跟建案上，這將會是建商未來經營成功率的關鍵。反之專精與執著在加工投報的生意人，除非資源夠龐大，不然會越來越式微，因為市場不斷再進化，買方也越來越精明，淘汰不用心的賣方只是時間問題罷了。】

最荒謬的
土地制度

在台灣，土地經由時間的增值程度，普遍遠高於創業的投報值與做生意的利潤，換言之，拿錢出來開公司跟去買土地，後者的爆發空間比你努力汲汲經營的事業體，還要大還要高還要更多，甚至是數十百倍以上。

記得國泰蔡萬霖首次登上台灣首富被記者所採問：第一次做首富的感覺如何？蔡答：我哪是首富，台灣最有錢的應該是林榮三吧！這邊說的並非是企業與資產的實力比較，而是講林所持有的巨量土地價值遠遠超過菁英公司的收益與總值，並且還隨著時間不斷再膨脹，只要這些土地沒有出售的需求，甚至越買越多，那利益可是多重複利再數倍成長。

買不起土地，沒關係，那來與一般人可購之住宅做比較看看。因為房價的多少受到土地價影響的比例非常高，占據了大部分建築物的建構成本。

依照經濟部的統計，在台的新設企業於一年內倒閉的比例高達九成，能熬過五年的公司僅1%不到，陣亡率非常高，對投資者與創業者而言，不僅浪費掉很多時間更

是把初始的投入資金全部拿去買經驗學教訓了。

反之如果是接受一般受薪工作，將那些積蓄與資本拿去買房，最少五年內你不會有任何虧損甚至可以強迫存下那些房款，但若房價一增值，那跟創業來比較可說是有賺無賠，且毫無風險，一來一去就是雙倍差距。所以在台灣的不動產制度，與其他先進國家相比的確是相當的荒謬，你可以不需要懂得其他投資工具或理財方式，只要有足夠的本錢將其都投入在不動產之中，不管是甚麼產品，經過時間的累積，都有辦法創造很可觀的財富累積甚至能跟隨多頭景氣與時機循環投機暴利。

這兩者還有個很大的落差在於時間跟金錢的運用配置，創業者要帶著積蓄並且親身下去參與營運，無形上還要承受許多的壓力與耗費解決無數問題的精神。但購置不動產卻不需如此，反而自己還有更多的時間彈性做其他想做的事或本業工作，也不用去擔心那些多餘的煩惱。倘若要正面思考的話，頂多在於創業者如能生存下來甚至越做越大會有相應的成就感跟相符的社

會地位，那是種能力的表現與認同，畢竟你已達成「老闆」這個職稱的基本門檻。當然為了這個目標，還是會有很多人選擇做生意這條路，有時不是為了錢，而是為了遠大的抱負或理想，如此就另當別論。可並非人人都能夠滿足這樣的條件，1%的成功率對於一般百姓而言實在是太低了，務實一點的話最好還是順應環境。

相關新聞內指出：「連上市公司都打不贏地主。」

在1679家上市櫃公司的公開財報中，只要年淨利達3.6億以上就能排名前500名之中，但西門町店王一年收的租金，直接打趴了七成的實業家。再以人數產值來相比，這些公司規模動輒都是百人甚至千人以上的員工在勞力服務，可店王，卻只有一個人。這種土地制度明眼人也可以因此發現，幾乎所有的有錢人、富豪、知名人士、政客等等名下都會購置庫存大量的不動產，也等同於將賺來的錢存在房地產裡面是台灣讓錢滾錢最理想且最保本的做法。不僅是個人，就連法人與某些企業也都會利用土地來做大型投資，以保險公司

舉例，他們將你的保費拿去買你打死不買的不動產最後再以高價賣給建商將房子蓋好之後再賣給消費者，這種金流順著台灣環境與制度讓有錢者更有錢，窮者恆窮。然而這文化卻無法被改變。因為在民主之下，社會或政治的掌權者都是這些有錢有勢的人在控制，對不利於他們的改革或衝擊，都會去設法防堵或反轉。當然這也是一個超級龐大的共利圈，沒有人會去打擊自己的荷包，更不會有人會去丟掉自己經年累月所辛苦拱起的財富跟資源，要知道，帶動群眾必須要花錢、要有預算。沒有財力的支持，如何賺取更大的利益或保護僅有的資產？而這些經濟體在哪，就在不動產。

身為一個單純的自住客，我們都是散戶，也是這個滄海中的一粟，要以一己之力來抗衡整個環境，那是不可能的，這不僅是螳臂擋車，更是蝦米鬥鯨魚。不要為了無所謂的清高與固執來讓自己的人生有所損失，那並不會為你與購屋甚至你的家庭帶來任何正面幫助，唯一可以去做也是個簡單的捷徑就是仿效與複製這些人的做法，

借力使力讓你壯大。如果有夢想、對房
子與物質上有更多的憧憬，你需要的是金
錢、以錢養錢、以產養產、以房換房，最
少在台灣這模式的成功率非常高。

【我們都不是巨人，所以只好站在巨人的肩膀上，順便學習巨人是怎麼做的，又或是他們是如何
成為巨人的。怕的是剛愎自用，怕的是故步自封，怕的是自以為是，怕的是為了無知而卻步。炒
地炒房可興邦的確不好，但這又是我們所處環境的事實，又能怎麼辦呢？不跟著炒，好似真的很
難可以買得起房，又好似買個房來住也莫名其妙成了無形的炒房幫兇。炒房不難，買房好難，但
其實這到頭來也不過都是自己的選擇罷了。】

國家圖書館出版品預行編目資料

丁丁的房產人生雜記3／丁丁／丁士鴻著. --初
版.--臺中市：白象文化事業有限公司，2021.11
　　面；　公分
　ISBN 978-626-7018-51-4（平裝）
　1.不動產業 2.通俗作品
　554.89　　　　　　　　　　110013009

丁丁的房產人生雜記3

作　　者　丁丁／丁士鴻
校　　對　丁丁／丁士鴻
發 行 人　張輝潭
出版發行　白象文化事業有限公司
　　　　　412台中市大里區科技路1號8樓之2（台中軟體園區）
　　　　　出版專線：（04）2496-5995　　傳眞：（04）2496-9901
　　　　　401台中市東區和平街228巷44號（經銷部）
　　　　　購書專線：（04）2220-8589　　傳眞：（04）2220-8505
專案主編　陳婉婷
出版編印　林榮威、陳逸儒、黃麗穎、水邊、陳婉婷、李婕
設計創意　張禮南、何佳諠
經銷推廣　李莉吟、莊博亞、劉育姍、李如玉
經紀企劃　張輝潭、徐錦淳、廖書湘、黃姿虹
營運管理　林金郎、曾千熏
印　　刷　基盛印刷工場
初版一刷　2021年11月
初版二刷　2021年12月
定　　價　380元

白象文化　印書小舖 PressStore　出 版 · 經 銷 · 宣 傳 · 設 計
www.ElephantWhite.com.tw　f 自費出版的領導者　購書 白象文化生活館